改革進む オーストラリアの高齢者ケア

木下康仁
Kinoshita Yasuhito

東信堂

はじめに

この本はオーストラリアの高齢者ケアについて、基点となる大きな変化が始まった1985年の「高齢者ケア改革戦略 (Aged Care Reform Strategy)」から、次の大きな変化である1997年の「高齢者ケア構造改革（Aged Care Structural Reform)」を経て、現在に至るまでの20年にわたる改革の流れを主文脈に、同国の試みでとくに特徴的と考えられる部分に焦点をあてて論じたものである。改革の流れとは施設ケアから在宅ケアへの転換を指すのだが、そしてこの課題は日本を始め高齢化先進諸国が等しく直面しその対応に苦慮している問題でもあるが、オーストラリアは政治的、経済的状況変化にさらされながら果敢にこの制度改革に取り組んできているというのが筆者の実感である。利用者の個別性を尊重している点も、重要な特性である。そして、その過程で彼らが作り上げてきた方法や考え方は、介護保険の枠組みに現在埋没気味になっている私たちが取り組まなくてはならないことがらについて極めて重要な示唆を与えると思われる。

高齢者ケアに関するオーストラリアの特徴としては、第一に、システマティックなアセスメント制度を世界に先駆けて導入し、その機能を拡大させつつ高齢者ケア制度の中心に位置付けていること、ケアマネジメントの重視、また、日本ではあまり紹介されてこなかったがケアマネジメントとセットで理解すべきものとしてブローカレッジ方式が挙げられる。ブローカレッジ方式とは簡単に言えば、ケアマネジメント事業所が連邦政府や州政府から一人当たり定額で補助を受け、請負総額の範囲内で利用者全員が在宅生活を継続できるよう必要に応じてサービスの増減を調整していく方式のことである。例えば、こうしたなかから生み出されたのが目標志向型ケアプランである。ケアマネジメントとブローカレッジをセットとする方式は、複合的ニーズをもち施設ケアが相当とアセスメントされた高齢者を在宅で支援する包括的在宅ケアプログラムに組み込まれており、施設入居代替策としてのこの種のプログラムは重点施策となっている。

また、近年では在宅の介護者支援を強力に拡充してきており、その方法も注目に値する。介護者はオーストラリアでも多くの場合自発的にその役割を担っているのだが、公的責任として介護者支援を打ち出し、独自の支援方式を導入している。

こうしたオーストラリアの特徴の根底にあるのは、利用者の個別性の尊重と、制度自体は合理的な基準に基づくシステム化を徹底するという考え方である。利用者の個別性の尊重はオーストラリアのみならず日本や他の国々にとって今後その重要性が増していくのは確実であるが、問題はそれが理念的レベルにとどまってしまうのか、サービス提供の現実レベルで担保されるかであり、この点に関してはオーストラリアの場合には個別性の尊重を推進せざるを得なかった独特の背景があるように思われる。それは国として、あるいは社会としてみたときのさまざまな面での著しい多様性である。多様性への対応は画一的とはなりえないから、制度は個別性の尊重を基本理念に設定せざるをえなくなる。教育など広くヒューマン・サービスに共通することだが、これがオーストラリアの高齢者ケアを理解するひとつのキーワードであり、本書ではとくに文化的多様性について取り上げる。

オーストラリアは多様性の国だが日本は同質な国で両国は対照的であるとする見方も依然として強いかもしれないが、日本が言われてきたほど同質でないことはさまざまな面で指摘されているし、個人のライフスタイルまで広げると多様化の傾向はむしろ歴然としている。そして、重要な点として、高齢者にとっての日常生活上のニーズはその多様性に最大の特徴があるということである。これは、高齢者ケアに関わったことのある人は経験的に理解していることである。制度やシステムが想定する利用者像と実際の個々の利用者像のあいだにはどうしようもなくズレがあり、日本においてケアマネジャーやケア従事者たちはその調整に日々腐心している。つまり、私たちにとっては多様性という“視点の発見”により個別性の尊重を実践的原則とするのが課題となるのだが、そのためには多様性が言わば与件であるところから出発したオーストラリアを経由するのが有効であるというのが筆者の視点である。

ところで、今日のオーストラリアですべてが順調に進んでいるわけではなく、新自由主義的影響を受けながら改革は利用者負担の拡大や事業者責任の強化、言い換えれば公的責任範囲の抑制を政策意図に行われているのも事実で、その影響はさらなるシステム化の方向にみられる。本書で論じるようにオーストラリアの高齢者ケアは連邦政府、州政府がそれぞれに大きな役割を担っており、サービス事業者も非常に多様である。これは歴史的な発展経緯があってのことではあるが、それぞれに発展してきたためサービス評価や資源配分などの方式に統一性が欠けていた。そこで、標準化することで個別的にシステムの完成度を上げつつ、同時に並立するシステム間の統合、連携が強調されるようになった。その結果今後の方向として、ケア提供制度の末端（組織と人）に一定の裁量幅を与えることで利用者の個別性に柔軟に対応できる中程度のシステム完成度でバランスをとってきたオーストラリアは、“健全なるあいまいさ”を維持できなくなり今後急速にシステムの完成度を高めていく可能性がある。効率性、公平性、透明性が強調されるほどシステム自体は洗練されていくが、そうなればなるほど複雑な世界を生きる利用者のニーズとのあいだの調整がむずかしくなるであろう。

一方、行政改革が地方自治体に及んだとき組織や職員間にどのような影響がおきるのかを、本書では高齢者ケアに焦点をおいてビクトリア州が導入した強制的競争入札制度を例に考察している。ビクトリア州の場合は州法により強制的に導入されたが、この方式は日本では「市場化テスト」と呼ばれており、行政サービスを官民が対等の条件で競争入札して実施事業者を決定していくものである。日本ではモデル事業の段階であるが、近い将来、本格実施になる可能性が高い。

ところで、福祉国家改革の文脈からみると、オーストラリアが経験的に築き上げてきたサービス事業者の多様性は今後の日本に多くの示唆を与えるであろう。伝統、組織力、規模はいろいろであるが民間非営利団体が重要な役割を果たしているだけでなく、ナーシングホームの約半分がそうであるように民間営利事業者の果たしている役割も大きい。また、地方自治体（市町村）も民間とほぼ同基準でサービス提供事業に参加している。こうした多様性には、介護者も含まれてくる。簡単に言うと、公的部門が巨大化したスウェーデンなどとも、個人責任を中心とするアメリカなどとも異なり、福祉多元主義を実践化する“カード”が何枚も豊富に揃っているのがオーストラリアの特徴である。これは統合的ヴィジョンによる政策主導の結果というよりも経験的な結果だと筆者は考えているが、多元化がすでに現実展開をしている国としてオーストラリアは注目に値する。

オーストラリアの高齢者ケアに関しては日本でもかねてより関心が高く、実際、研修等で訪問する人々も少なくないようである。また、最近ではオーストラリア側からも長短期の学習プログラムを積極的に用意し日本人向けにＰＲする傾向も強まってきている。こうした状況からは意外な気がするのだが、高い関心が示されてきた割にはオーストラリアの高齢者ケアについてその全体的特性をコンパクトにまとめた報告はこれまでにあまりない。小松・塩野谷（1999）や小林・小松（2000）のように国際比較の視点から社会保障制度全般について取り上げた文献はあるが、フィールド調査に基づくものとしては例外的に染谷（1999）の報告があげられる程度である。

本書はオーストラリアの高齢者ケアについて関心をもつ人がその全体像を理解でき、そこからさらに自分の関心にそって学習を進められることを意図した言わば最初の道案内として構想された。むろん、全体像といってもすべてを網羅することは不可能であるから、筆者からみてこの国の高齢者ケアに特徴的なことがらを、新しい動きも含めてまとめたものである。その際に工夫したのは視点の多角化で、制度に責任を負い“発注（資源配分）側”である連邦政府や州政府のレベル、“受注側”となる市町村や民間サービス事業者のレベル、そして、利用者や家族のレベルをできるだけ組み合わせて述べるようにした点である。したがって、現在さまざまな立場で高齢者ケアに関わっている人々がそれぞれの立場から理解しやすい構成となるよう心がけた。さらにもう一つのレベルとして、単に制度やプログラムの紹介だけでなく、オーストラリアという文化社会風土で老いを生きる個人や家族について理解が深まるよう社会学のライフヒストリー・アプローチを採用した章をおいている。

記述について若干付け加えると、章ごとにテーマを分けて構成しているが当然相互の関連性があるので、そうした部分は必要と判断される範囲でそのつど触れている。そのため多少の重複が避けられなかったが、これは、相互の関連性が理解できて初めて全体の特性も理解できると判断した結果である。また、オーストラリアで固有名詞となっている制度やサービスプログラムについては現地での一般的な表現をそのまま使い、訳語は補足的扱いとした。たとえば、中心的在宅ケア制度はハック HACC と呼ばれているが、HACC のままとし、適当な間隔で（Home and Community Care：地域在宅ケアプログラム）という説明を付している。この種の扱いをしたものはすべてキーワードになるので、訳語で理解するよりもこの方が今後の学習につながるのではないかと考えたためである。

なお、州による違いも想像以上に大きい国であるから、州や地方自治体、地域に関しては調査地であるビクトリア州とメルボルンを対象としている。

参考文献

小林良二・小松隆二（編）、2000、『世界の社会福祉 10 オーストラリア・ニュージーランド』、旬報社

小松隆二・塩野谷雄一（編）、1999、『先進諸国の社会保障 2 ニュージーランド、オーストラリア』、東京大学出版会

染谷俶子（著）、1999、『オーストラリアの高齢者福祉：豊かな国の豊かな老後』、中央法規

目　次

■用語・略記法・和訳名

ACAT《エイキャット》(Aged Care Assessment Team)「高齢者ケア・アセスメントチーム」
ACAS《エイキャッス》(Aged Care Assessment Service)「高齢者ケア・アセスメントサービス」
C O P《シーオーピー》(Community Options)「重介護者在宅生活ケアプログラム」
C A C P《シーエーシーピー》(Community Aged Care Packages)「地域高齢者ケアパッケージ」
EACH《イーチ》(Extended Aged Care at Home)「重介護高齢者対応在宅ケアプログラム」
HACC《ハック》(Home and Community Care)「地域在宅ケアプログラム」
GAT《ガット》(Geriatric Assessment Team)「老年医学的アセスメントチーム(ACATの前身)」

high care「高ケア」(旧ナーシングホーム対応)

low care「低ケア」(旧ホステル対応)

respite「レスパイト(介護者一時休息用ケア)」

Aged Care Reform Strategy「高齢者ケア改革戦略、1985」

Aged Care Structural Reform「高齢者ケア構造改革、1997」

Accommodation Bond　「入居債権(低ケア施設入居契約時納入金)」

Accommodation Charge「入居料(高ケア施設入居料金)」

RCI (Resident Classification Instrument)「施設入居者分類基準、1985」

RCS (Resident Classification Scale)「施設入居者分類尺度、1997」

full pensioner「高齢者年金満額受給者」

part pensioner「高齢者年金部分受給者」

non-pensioner「高齢者年金非受給者」

ABS (Australian Bureau of Statistics)「オーストラリア統計局」

Aged Care Standard and Accreditation Agency「高齢者ケア施設・水準認定局」

AIHW(Australian Institute of Health and Welfare)「オーストラリア国立保健福祉研究所」

改革進むオーストラリアの高齢者ケア

第1章　ソレントへ

―― Mrs.A、最後の日々

Mrs. A は 1 月 25 日夜に 86 歳の生涯をメルボルン郊外の小さなホステル[1)]（虚弱高齢者用施設）で静かに閉じた。真夏らしい、乾いた暑い日であった。イギリスから移民してきた家族にオーストラリアで最初に生れた子どもということで、メルボルンのあるビクトリア州から名前をとってビクトリアと名付けられたその人は、旅行以外ではビクトリア州を出ることなく一生をそこで暮らした。彼女の人生は生れたときから波乱に満ちたものであったが、86 年も生きた人間の一生はおそらくどの時代や社会にあってもそれなりに波乱に満ちたものであろうから、そのこと自体を強調する意味はないかもしれない。ただ、静かに生涯を終えたことは、家族だけでなく彼女を多少なりとも知る人たちを安堵させるものであった。

筆者はフィールドワークで Mrs. A を知り、彼女の人生最後の 3 ヶ月をフォローすることができた。衰弱が進んでいたことや精神的不安定さのために本人と直接接することは限られたため、もっぱらひとり息子とその妻を通じての調査となった。最後の 3 ヶ月は本人にとってはむろんのことであるが、息子家族にとっても大きな試練のときであった。現象としての介護問題にそれぞれの生活史と人間関係模様が色濃く反映し、制度やサービスの問題としてだけでは理解しきれない、老いを生き切ることと老親を看取っていくことの普遍的な世界がそこにはみられたのである。

オーストラリアの高齢者ケアを理解するのになぜ Mr. A の話が出てくるのか奇異に思われるかもしれないが、どの国であっても変わらない老いをめぐるこの普遍的な世界を確認しておきたいからであり、ここに彼らと私たちとの共通基盤があると考えるからである。

高齢者ケアに限らず他国の実情を紹介するとき、それに対して文化や歴史、社会背景の異なったところのものは参考にはならないとか、日本には日本の背景や特性があるといった反応が決まったように出されるのだが、筆者はこうした受けとめ方は生産的ではないと思っている。一見もっともらしいのだが、では日本の文化や歴史や社会背景とは何であるのかを明らかにするわけではないし、なによりも日本社会自体が大きく変化しているので日本的という見方でくくることに無理があるからである。また、紹介する側にしても他国の方法をそのまま持ち込むべきとまで主張している例はまれである。ただ、他国の例を紹介するときその特性を強調するのは当然であるし、実際には制度や仕組みに力点をおくから人間への視線はサービスの利用者という形で抽象化される場合が多いのは事実であろう。そのため読者にしてみれば、具体的な人間の姿がはっきり理解しづらいのである。これはバランスのむずかしい課題であり、日本の代表的事例を選びようがないのと同様に、具体的に取り上げる事例がその国の高齢者やその家族を代表している保証などないしそれは不可能である。むしろ、異なった環境を生きる一人の人やその家族関係をできるだけ詳細に理解することで、私たちが経験的に理解している世界と比較対照しその異同を「理解」することが重要であろう。こうしたアプローチはその国の制度や仕組み、とりわけその根底にある考え方を理解するために不可欠な作業であると筆者は考えている[2)]。こうした問題意識に基づき社会学のライフヒストリーの手法を用いて、あるひとりの老女について論ずる。

さて、Mrs. A の人生最後のものがたりである。

ソレントの街

ソレントは、メルボルンの人々に人気の高い海辺のリゾートである（60頁の地図を参照）。メルボルンが面するポートフィリップ湾はビクトリア州では最大の広さをもつが、湾の大きさに比してその入り口は驚くほど狭い。西側からはベラリーン半島が突き出ており、東側は文字通り大きく湾曲したモーニングトン半島が取り囲み、その先端部が鋭くベラリーン半島に向かっている。ふたつの半島の間は、わずか4キロ程度しかない。ポートフィリップ湾は最大で東西約70キロ、南北約60キロの大きさであるから、湾の入り口の狭さは際立っている。

メルボルンの中心部からは約100キロの距離にあり、モーニングトン半島の先端部に近いところにソレントの街がある。街から浜辺には湾の内側へも外洋側へも簡単にでることができるが、街自体は穏やかな湾の内側沿いに発展している。メルボルン方面から海岸の道沿いに入ってくると、少し上がったところが中心部でレストランや食料品店、カフェなどしゃれた店が並んでいるショッピングセンターとなっている。それほど大きくはないがこじんまりとまとまっていて、洗練された落ち着いた雰囲気のある

ソレントの海

街である。リゾート地であるから風光明媚なのは当然だが、週末や祝祭日、そして夏のヴァケーションの時期にはかなりの混雑となる。とくに夏は浜辺近くにキャンプが張られ、浜辺にそってそれが延々と続く。キャンピングカーも少なくないが、主流はテント張りのキャンプで、トレーラー[3)]に自炊生活ができる荷物一式を積んで車で引いてくる。カリフォルニアなどと比べても、こちらの方が素朴で手作り感がある。

ソレントがリゾートとして拓かれた歴史は古い。昔は馬車でメルボルンから行ったのだという。もっとも歴史的にはソレントはメルボルンよりも先に開けた所である。19世紀前半に真南にあるタスマニア島から開拓移民が到着したのがこのあたりであり、砦の跡など旧跡があちこちに残っている。

ソレントでの Mrs. A

現在のソレントは瀟洒なリゾートの顔だけでなく、高齢者が比較的多く住んでいるところにもなっている。Mrs. A もそのひとりであった。彼女と夫がソレントにサマーハウス用に家を購入したのは 50 年以上前のようである。ひとり息子の話では彼が物心ついたときからあったそうで、子どもの頃や、後に結婚してからは自分の子どもたちを連れて何度も行ったという。息子が見せてくれた古い 8 ミリビデオには、ソレントの海岸でピクニックを楽しんでいる若き日の Mrs. A と息子夫婦、そしてまだ幼い 3 人の孫たちが遊んでいる様子が写っていた。当時としてはまだ珍しい 8 ミリを撮ったのは、趣味で始めた Mrs. A の夫であった。

彼女の一生を理解した目でみれば、うっすらとセピア色がかったこの古いフィルムのなかに彼女にとっての家族の原風景があったはずなのに、Mrs. A は最後までそれに気づくことはなかった。

Mrs. A と夫はメルボルン郊外で小さなワイシャツ工場を経営していたが、そこを売却して引退したあと市内の家を引き払った。そして、それまで別荘として使っていたソレントのこの家に定住し、その後 20 年近くをここで暮らした。ただ、夫はソレントに落ちついてまもなく心臓発作で亡くなったので、Mrs. A にとってはほとんどひとり暮らしでの 20 年間であった。家は街の中心部から少し入ったところにあり、ショッピングセンターへは高齢者でも歩いて 10 分程度の距離にある。ソレントのなかでは一等地の範囲に入る。

Mrs. A のひとり暮らしがゆらぎ始めるのは、彼女が 82 歳を過ぎた頃からであった。この頃から、息子夫婦を巻き込みつつ、彼女の人生の最終局面が展開していく。契機となるような病気や怪我といった大きなエピソードがあったわけではないが、彼女らしい生活が徐々にほころびはじめていった。そして、そのことが彼女と息子夫婦の関係を抜き差しならないものにしていったのである。日常の中に顔を出した老衰は、それまでの日常性の世界から頑ななまでに一歩も出ようとしない Mr. A と、母親の老衰の問題への対処を迫られた息子夫婦との間にボタンの掛け違えのような関係を生み出し、結局最後までそのままであった。

Mrs. A の衰えは、例えば、家の中が乱雑であったり、買い物も不規則で食事もちゃんと取れていないという形で始まった。きれい好きというよりは潔癖症のような彼女の性格を知っている息子夫婦の目には、明らかな衰えの兆候であった。そのため息子夫婦は母親に家事サービスや庭の手入れに人を雇うように勧め彼女もしぶしぶ同意したのだが、指示があまりにも細かいため嫌がられ、家事サービスだけでも２年間に６人が入れ替わり、結局最後には皆やめてしまい代わりの人を探せなくなった。庭の手入れに関しても、芝生などもまるで手バサミでそろえるような細かさを要求したそうである。

Mrs. A は買い物もひとりでは困難になると、ソレントに住む知り合いの高齢者たちにあれこれ頼みごとをするようになった。彼女の家の近所は大部分が週末利用の人たちであったため、彼女よりも高齢で、しかも街の中心部からは彼女の家以上に離れているところの高齢者たちにまで買いものなどに手助けを求めるようになってしまい、その負担に耐えかねてやがては皆彼女から離れていった。本人はそのつもりではないのだが、相手のことを考えずに自分のために人を使うという Mrs. A のスタイルは、高齢になってからのことではなく若い頃からのものであったようである。

そのため、やむを得ず息子がメルボルンから週に何度か通うことになる。そのころ息子はまだ会社を退職する前であったが時間のやりくりがしやすかったこともあり、職場や自宅のある地域からソレントまで往復300キロを車で行き来し始める。彼の妻はMrs. Aとは折り合いが悪かったため、義母の世話のためにひとりでソレントへ行くことはなかった。夫婦一緒で行くこともなくはなかったが、もっぱら息子ひとりが通った。嫁姑問題といえばそれまでだが、Mrs. Aの潔癖で他者に厳しい性格についていけず、息子の妻は結婚後ずっとMrs. Aに対して恐れに近い感情を抱いているようであった。

不本意な転居

300キロの往復ドライブを週に2回ほどするのは、60歳近くの息子にはさすがに無理があり、息子夫婦はほどなく大きな判断を迫られる。Mrs. A自身はまだひとりでの生活が大丈夫だと言い張っているのだが、息子夫婦の目には限界とうつった。そのため彼らはMrs. Aのために最初はソレント周辺で入居できる施設を探したが、納得できるところが見つからなかった。高齢者が多いから当然ナーシングホームなどもあるのだが、見学した息子夫婦にはあまりにも殺伐としていたり、経営方針に疑問があったりで、結局ソレントで転居先を探すのを断念せざるを得なくなったという。

次に検討したのは息子夫婦の家のすぐ道向かいにちょうど小さ

目の住宅が数軒売りに出されていたので、そのひとつを購入して自分らの末息子と一緒に住まわせるという案であった。彼らには男ばかり3人の子どもがいて、当時一番下の子は成人して働いていたがまだ家にいたからである。そうすればゆくゆくはその家を末っ子にという計画も立つこともあり妻は前向きであったが、Mrs. Aと妻との関係を考慮して息子はこの案を賢明にも断念する。

こうして消去法的に選択肢は絞られていき、残るのは息子夫婦のところから比較的近くにあるホステルを探すことであった。彼らは自宅から車で3、40分の範囲を前提に数ヶ所のホステルを見学し、最終的に家庭的雰囲気のあるホステルに決める。25人定員の個人経営の施設で一週間の費用が350オーストラリア・ドル（1998年11月現在、ドル表示は以後同様）と負担額は大きいが、すぐ隣には医院もあり、環境的にも安心して住んでもらえる場所だと思った。実際、入居者の身なりからも比較的恵まれた階層の高齢者を対象にしているようであった。経営者の妻がナースで、現代版のパパママ型のホステルといえる。

Mrs. Aは、息子夫婦のこうした準備を知らされないでいた。息子夫婦はもう限界にきていると判断していたが、本人はまだソレントの家でひとりで生活できていると言って譲らなかったからである。しかし、息子夫婦は、在宅サービスを受けながらソレントに住みつづけるのは彼女の性格と人を雇っても皆辞めてしまった前例からして不可能であるとみていた。息子の妻がインタビューの度ごとに何度となくため息混じりに言ったように、「他に方法がなかった」ようである。

後は、息子がいかにしてMrs. Aを説得するかであった。2人の話は最終的に折衷的な形でなんとか折り合う。Mrs. A はホステルに移るが、ソレントの家はそのままにしておいていずれ帰れるようにするということであった。ホステルはメルボルンのなかでも息子夫婦の家や独立した 2 人の孫たちの家にも近く、また、かつて Mrs. A が暮らしていた地域とさほど離れたところではなかったので、まったく見知らぬところに引っ越したわけではなかった。

しかし、ホステルに移ってからの Mrs. A の生活は彼女の意思とは徐々に乖離していく。

心身分離

Mrs. A は、元来むずかしい人であった。それがまた、彼女らしさでもあった。幼児期体験と関係していると思われる強迫的な潔癖さと、それを自分に課すだけでなく他者にも期待するため、人に認めてほしいという思いをもちながらも結局は人に嫌われるという皮肉な人間関係を繰り返してきた。こうした生き方は繊細さと脆さが紙一重で、ガラスのような自尊心と、被害者意識、そして猜疑心を潜在化させていったと考えられるのだが、それが制御しきれなくなり一挙に噴出すのはホステルへの転居後のことであった。

若き日の Mrs. A は夫と共にワイシャツ工場を経営し、働き者であった。工場といっても夫婦中心の自営業であったから、彼女は工場の仕事だけでなく経営面でも夫以上に責任をもっていた。朝 7 時から夜の 10 時まで工場で働き、さらに帰宅してからどんなに遅くても拭き掃除をして家の中はちりやほこり一つない完璧な状態にしていたという。軍隊経験のある息子はその様子を、ホワイトグローブ検査（上官が白手袋で行う掃除検査）にいつでもパスするほどの完璧さだったと述懐している。

ところで、ホステル入居後、頻度はまちまちだが息子夫婦はMrs. A をソレントの家まで連れて行くようにした。泊まるのではなく、日帰りでの行き来であった。だれも住んではいなくても、息子は彼女の性格を考えて定期的に清掃サービスを手配していた。いずれこの家に戻って暮らせるようにというMrs. A への“約束”を彼女に確認してもらうという意味もなくはなかった。しかし、息子夫婦の話では、Mrs. A は着くや否や家の中をチェックして文句ばかり言うというパターンであった。

そして、ホステルに入居して一年ほど経ったころ、同じようにソレントの家に連れて行ったときのある出来事をきっかけにとうとう息子が我慢できなくなる。台所のオーブンの下が油で汚れているというMrs. A の不満がきっかけではあったが、誰も住んでいないので料理をしているはずはなく、その上彼女の性格を考え清掃サービスまで入れていた息子にしてみれば、このときの出来事で緊張の糸が切れてしまう。それまではMrs. A との約束、つまり、いずれはこの家に戻って生活できるようにするという、虚偽ではないにしても限りなく現実性のない約束を守ろうとしてきた気持ちが切れてしまったのである。

息子は、こうした形での行き来はもう無理であるし彼女が以前のようにソレントの家で暮らすことは不可能なので、家を処分するしかないと判断する。Mrs. A はむろんこの案に納得するはずはなかったが、現実的判断にたった息子は売却に踏み切る。古いサマーハウスであったから家自体はさほどの価値は見込めなかったが、場所が良かったため売却自体はスムースに運んだ。息子夫婦にしてもホステルの費用を自分たちで払いつづけるのは困難であったから、売却したお金はホステル費用を含めすべて Mrs. A のために使っていくつもりであったが、その思いは最後まで彼女には伝わらなかった。

以後、Mrs. A はソレントを再び訪れることはなかった。

そして、息子夫婦が売却金を勝手に使っているのではないかという疑念を抱くようになる。一方、他州に住む、Mrs. A のただひとりの遠縁からはソレントから勝手に引き離してひどい目にあわせていると批判され、詳しく説明しても理解されないため息子夫婦、とくに妻の方が傷ついてしまう。いくら本人が言い張ってもソレントにひとりで住まわせるわけにはいかないし、いろいろ努力してきた末にその苦労が理解されず、「他にどういう方法があるの」という言い方で妻は夫の気持ちを代弁した。

ホステルでの Mrs. A

Mrs. A が生活することとなったホステルはむろんすべて個室で、ゆったり目の玄関と食堂兼多目的のホール、それにラウンジなどがある造りになっている。筆者が初めてその部屋を訪れたのは亡くなる 3 ヶ月ほど前であったが、息子夫婦の結婚式の写真、3 人の孫たちの幼い頃の写真、それにすでに結婚している上二人の孫のそれぞれの結婚式の写真が飾られていたのが印象的であった。

ホステルに入居して一年を経過した頃、時期的にはソレントの家を売却する少し前になるが、Mrs. A はホステルで転倒して大腿骨頸部を骨折する。自室でハイヒールを履こうとして、転倒したのが原因だという。彼女は若い頃からハイヒールの愛用者で、ソレントにいた近年まで年に 2 、3 回フォーマルな場に出るときはハイヒールを履いていた。年齢や場所を考えると無謀にも近い行為だが、彼女にとっては自己演出に欠くことのできない道具だったようである。とはいえ、日本でもよく見られるように転倒、骨折のこのパターンは高齢まで比較的健常に過ごせた人が一挙に自立度を落としていく典型的な展開であった。

しかし、Mrs. A は周囲の予想以上にリハビリにがんばり、医者をも驚かす。息子はこのときの様子を「母はファイター (fighter) だ」という言い方で説明した。実際にホステルに戻ってからも自分でリハビリに努力し、隣接の医院や、ときには近くのショッピングセンターにまで歩いていけるまでに回復した。あきらめずがんばるところは Mrs. A の特徴である。

そしてそれから約一年後の 1998 年 10 月末、Mrs. A は外部病院への入院となる。他の入居者を杖で叩くなど粗暴行為がひどくなったことと、尿路感染と心臓の異常の疑いを理由に、ホステル側から入院が必要という連絡が息子宅に入る。主たる理由は前者で、猜疑心から自分が狙われていると思い込み、その結果粗暴な言動がひどくなったためであった。ホステル側の対応には、このままではここでの生活はむずかしいというニュアンスがはっきりと示されていた。

人格の老衰

一年前の骨折入院のときと違い、粗暴行為を主たる理由とする

Mrs. A の今回の入院は、息子夫婦には“非常時”であった。彼女の状態が心配させるものであり息子はほぼ毎日病院に行くことになるのだが、そうした行き来よりも、Mrs. A の性格から考えてついに来るべきものが来たという感じの張りつめた緊張感が息子夫婦にはみられた。夫婦のどちらも言葉にはしなかったが、Mrs. A らしい衰えが本格的に始まったと受けとめていたようであった。

入院後の Mrs. A は、2 日間、食事を完全に拒絶した。毒を入れられているのではないかと疑ったためである。幻覚もあり、外で羊が溺れているので助けに行かなくてはならないと言って、出て行こうとした。病院を刑務所と思い込み、なんとか逃げ出そうとする。ただ、息子は識別できた。何も口に入れないので、病院側は息子に食事の介助を依頼した。そこで、彼が好物のアイスクリームに鎮静剤を混ぜて食べさせようとすると Mrs. A は「変な味のピーナッツが入っている」と言って吐き出したという。息子も敵の一味に入っているとも思っていて、一緒にいるとき携帯電話が鳴ると「あっちで呼んでいる証拠だ」という。かなり混乱していて、入れ歯も盗まれたと訴えるのだが、息子が本人のものを渡しても、誰かの汚れたものだと言って受け付けない。それでも最後にははめようとしたのだが、下側の入れ歯を上側に付けようとした。

息子は病院から ACAT[4] によるアセスメントを受けることになると告げられ、担当チームの配属場所を知らされる。ホステル側と同様に、病院の方も、Mrs. A が退院後にホステルに戻るのはむずかしいと考えていたことがうかがえる。比較的高級なホステルだったから、この種の問題は他の入居者への影響が大きく、経営者は非常に敏感であった。

息子は病院側の求めもあってほぼ毎日病院に行ったが、彼のほかには2番目の孫がただ一人、一回だけ見舞いに行ったきりであった。それには理由があった。3人の孫のうち末子は両親と同居しており、結婚して独立した上の2人も両親の家から車で2、30分のところに住んでいたから、Mrs. A を見舞いに行こうとすれば簡単に行けたはずであったが、最初に見舞った孫がショックを受けたため誰も行かなくなったのである。

Mrs. A が入院してたしか3日目か4日目だったと思われるが、この孫に対して Mrs. A はずいぶんひどい態度で接したようで、彼は帰りに実家に立ち寄り両親に様子を説明した。刑務所に入れられていると思っている Mrs. A は彼に“How did you get out of here?（おまえ、どうやってここから抜け出せたのか)”と訊ね、これまでに聞いたことのない下品で卑俗な言葉遣いだったという。3人の孫のなかで小さい頃から Mrs. A に一番かわいがられた子であったので、自分を誰だか分からないだけでなく Mrs. A のなじるような言動にショックを受けたのである。

その日入れ替わりに息子が病院に行ったが、Mrs. A に何をして欲しいのかたずねたところ「ソレントへ帰りたい」という答えだったという。むろん、もはやそれは不可能だったし、帰宅後にそのことを聞いた妻は、2年前にすでに不可能だったと言い、自分が Mrs. A から直接言われなくてよかったと続けた。ソレントの家を売却したことは彼女のなかでは、他に選択肢はなかったと自分に言い聞かせつつも、やはり相当気にしているのは事実だった。

そんなさなか、息子夫婦は11月3日のメルボルンカップ[5]の日、筆者を誘ってソレントまで往復300キロのドライブに出かけた。気温は30度を越え乾燥した日であった。メルボルン最大のお祭りの日であったから、ソレント一帯は大変な人出で混雑し、この街一番の顔をしていたように思われた。

ソレントの中心部に入った車はすぐにわき道に入り、白の金網フェンスで囲まれた家の前でとまった。約一年前のクリスマスの頃に売却したMrs. Aの家であった。2人は車から降りることもなく、家を見ながら、どこをどのように改造中だとか、あそこがどうなっているといった話をしていた。夏の日差しに芝生がかがやき、いかにも落ち着いた感じのするサマーハウスであった。

Mrs. Aの状態は不安定ながらも、日がたつにつれて少しずつ安定し始める。拒食傾向もうすらぎ、全量ではないものの食事をとるようになり、若いナースにやさしい言葉をかけるといった変化が見え始めた。病院の検査の結果、尿路感染もなく心臓発作の危険もないことがわかった。脱水症状と栄養補給のため、点滴は続けられた。ただ、息子を孫と間違えたり、孫を息子と間違えたり、息子を夫と間違えるといった人物誤認はみられた。彼女らしさが戻り始めたことは、失禁の後始末を自分でしようとして病室のトイレにトイレットペーパーを詰め込んでいることからもうかがえた。極端なまでにきれい好きの人が、なんとか片付けようとしたからである。入院してから一週間ほどが経っていた。

Mrs. Aの状態が安定してきたことは、次の息子とのやり取りからもうかがえた。見舞いにきた息子を彼女は一番上の孫と勘違いして、釣り好きなのを覚えていて今日も釣りに行ったのかとたずねたそうである。息子が、自分は漁師ではないがイエス・キリストはそうだというと、笑ったという。ユーモアに反応したからである。Mrs. A は昔からジョークを嫌って息子が言おうものなら叱られたという。その彼女のこうした反応は、少なくとも息子にとっては改善を示すものであった。

ホステルに戻る

Mrs. A の状態が安定化してきたことにより、息子夫婦のなかに一度はあきらめかかっていたホステルに戻れるのではないかという期待がふくらむ。薬の処方により安定状態をなんとか維持しているのだが、ホステルの施設長と連絡を取ると、その程度であれば戻っても大丈夫ではないかという返事をもらい安心する。

この後、Mrs. A の状態は一時的に悪化し、思い込みが激しくなる。きっかけは薬の処方が点滴から飲み薬に変わったためではないかと思われた。刑務所に入れられているという世界に逆戻りし、自分が何者かに狙われていて、例えば窓ガラスに写った自分のベッドのシーツが見張りの車に見えたり、外の低い植え込みが自分を監視している人間たちだと訴える。あるいは、夜中に失禁して病院のスタッフがシーツを交換したことを、寝ているときに顔を殴られて動かされシーツに水までかけられたと思っている。こうした話を息子に話すときも声をひそめて、誰かに聞き取られないように警戒している。

しかしその一方で、改善も安定してみられるようになり、自分の下着を洗うといった Mrs. A らしい行動もみられるようになる。左眼のまぶたが垂れ下がり、痛みもあるためか、この頃から「死にたい」と息子に話すようになる。

息子に夫がなぜ見舞いに来てくれないのかたずね、17 年前に亡くなっていることを告げられると「そうだったね、ゴルフをしてその次の日に急に亡くなった」と正確に思い出したという。そして、ソレントが一番だが入院前に住んでいたホステルでいいから早く退院して戻りたいという言葉が、Mrs. A から初めて出る。

状態がほぼ安定してきたところで、ACAT のアセスメントが行われた。ADL では大きな障害がないから、粗暴行為などの問題行動が焦点になると予想されたが、筆者がアセスメントの結果を聞いても息子夫婦はその内容を知らなかった。細かいことよりもホステルに戻れるかどうかが彼らの関心だったから、そうなってひとまずホッとした様子だった。

約2週間の入院を終えて Mrs. A は、11月11日に高揚した気分で以前のホステルに戻った。薬の影響も考えられるが、刑務所と思い込んでいた場所から出られるので彼女の心ははずんでいた。息子が病室に迎えに行くと、Mrs. A は「だめ、だめ、男の人はこの部屋に入れません」と強い口調で制しようとした。Mrs. A のなかでは、彼女の結婚式の日になっていた。息子は彼女の父親になっていた。そのうち、結婚するのは自分ではなく息子となり、「昨日は来て、キスしてくれたのに」と言いつつ花嫁はどこにいるのか息子にたずねる。

ホステルに着いた Mrs. A は杖をつきながらひとりでつかつかと玄関から入り、そのまま勝手知った様子で自分の部屋に入っていった。息子があとから荷物を持っていくと、このモーテルにはちょっとしかいないから荷物は開けなくてもよいと言うので、息子が一週間やそこらは滞在するでしょうと言うと、納得する。息子が荷物を開けるのを見た瞬間、Mrs. A は旅行中の人になっていたのである。

最後の日々

Mrs. A の高揚した状態はホステルに戻ってからしばらく続き、この間の彼女はもっぱら入居しているホステルの経営者になっていた。職員にいろいろと指示や注意をしてまわり、自分の言うことをきかないとクビにすると命令する。施設長のナースも職員も、できるだけ Mrs. A の話に合わせた受け応えをしていた。そのスタイルは、かつてワイシャツ工場を切り盛りしていたときのものではないかと思われた。食事も普通にとれるようになり、状態的にはずいぶんと改善する。

しかし、Mrs. A の自尊心にフィットするストーリーは長くは続かなかった。猜疑心と被害者意識を特徴とする彼女らしさが再びあらわれる。きっかけは盗難被害妄想であった。現金の管理はすでに入院前からできなくなっていて、息子がその都度 100 ドルくらいずつ渡していたのだが、Mrs. A は誰かに盗まれたと思い込んでいる。そして、息子が彼女の部屋を探して、本人が隠したと思われるところから現金を見つけると、誰かがそっと返しておいたのだと言い張る。よくあるパターンである。

その後、Mrs. A の衰えは古い記憶の断片が素材となって妄想の世界を漂うようになっていった。ホステルに入居する際に古いケーキミキサーを、息子の妻の友人の娘にあげたことを突然正確に思い出し、あれは盗られたのだから取り返してきてほしいと言い出す。あるいは、以前ハイヒールをバザー用にと、ある慈善団体に寄付したのだが、今自分にはこんな低いヒールの靴しかないので取り戻してほしいと訴える。80 歳を過ぎてからもソレントで年に 2，3 回はハイヒールを履いていた Mrs. A にとって、靴のヒールは特別な意味があるようで、今履いているヒールの靴では不満なのである。息子が新しく買うように50ドル渡すと、これではろくなものは買えないといい、もう50ドルもらう。しかし、彼女が新しい靴を購入することはなかった。

幼児期の記憶と関係していると思われることもMrs. Aの口からストーリーとして語られるようになった。このころ何度か繰り返し語られたテーマを紹介すると、自分がプロテスタントでは最初に牧師になっていて、教会の花壇は道路に面した側がプロテスタントのもので、その後ろがカトリックの植えたものという形になっている。なぜか、いつもプロテスタントの花壇の花が元気で大きくなる。カトリックの花は育ちも悪く背も低い。それでもって、カトリックの人たちが彼女たちの花壇の花を切ってしまうという内容である。息子夫婦の解説では、メルボルンにおいてもMrs. Aの幼年期はまだカトリックとプロテスタントで緊張関係がみられたのだという。

Mrs. Aが家族全員と一緒のときを最後に過ごしたのは、ちょうど亡くなる一ヶ月前のクリスマスであった。カラカラに乾燥した、ひどく暑い日であった。息子の家で、結婚した孫たちや古い友人数人を招いてのパーティに彼女も参加した。もっともMrs. Aの状態は弱々しく、にぎやかな雰囲気に加わることはできなかった。ほとんど別室で休んでいたが、全員での記念写真では彼女が真中であった。Mrs. Aが息子の家を訪れたのは夫が亡くなる少し前であったというから、20数年ぶりの、そして、最後の訪問であった。

葬　儀

Mrs. A は 1 月 25 日の夜 9 時頃、入居していたホステルで 86 歳の人生を終えた。衰弱しながら迎えた最後は、苦しむわけでもなく静かであったという。

まわりの人たちにとっては非常にむずかしい人であったが、衰弱が進んだ状態になっても息子夫婦に精神的に依存することはまったくなかった。

法により彼女名義の資産は動産、不動産すべてが凍結され、債務関係の確認が済むまで家族も触れることはできない。

葬儀は 28 日午後 2 時から、非常に大きな墓地兼葬儀火葬場で行われた。広大な敷地のなかに葬儀用のチャペルが 4 ヶ所もあり、入り口から 4 色の色別の線が路面に引かれ各チャペルに参列者の車を誘導している。最近は火葬が増えてきており、敷地のあちこちにレンガでできたシンプルな遺灰収納型のブロックが見かけられる。ひとり分のスペースが正面約 30 センチ平方、奥行きはおそらく 4、50 センチであろうか。正面は故人の名前や生没年などを記した銅版プレートである。少なくて 15 ユニット、多いものでは 60 ユニット前後でまとめられている。

息子の予想では参列者はごくわずかだろうということであったが、式には 3、40 人が集った。このなかには、ホステルの入居者も数人いたようである。久しぶりに会った人たちが会場の外で数人のかたまりになってあちこちで話している光景が印象的であった。式は極めて簡単というかシンプルなもので、正面に遺体の入ったカスケットをおき、その周りを花で囲んでいる。予定の時間を少し過ぎた頃牧師が車で到着し、車からガウンをとってその

簡易墓ブロック

場でまとい祭壇横の入り口からすでに参列者が着席している式場に入った。牧師は聖書の一節を引用し、ほんの少しばかり説教らしき話をした。気持ちの感じられない言葉は「らしき」としか言いようのない事務的なものであったが、変に儀式ばった形よりもそれもまたよしと思えた。

説教の後、牧師は故人の経歴を簡単に紹介する。それだけで献花をするわけでもなく、最後にカスケットがモーターでそのまま下に下がり見えなくなったところで終了し、散会となる。全部で所要15分か20分くらいであった。

ちなみに、下がったカスケットはそのまま火葬場に運ばれ火葬となる。ただ、火葬した骨を遺族が拾って骨壷に収めることはせず、火葬場の方で遺骨入れにいれてくれる。息子夫婦は遺灰をしばらくそこに保管してもらうよう依頼した。日本の骨壷よりは大きく、フタのしっかりとしたプラスチックのバケツという感じの入れ物であった。

ところで､葬儀自体はこのようにサッパリしたものであったが､紹介された故人の経歴は遺族が準備するものであり、息子夫婦は数日かけてあれこれ記憶をたどったり、古い書類を探し出したり、昔のことを知っている知人に電話をかけたりと結構忙しかった。正確に故人を紹介しようとしたためであったが、この作業はMrs. A の一生をたどることでもあり、調べたいことが分かった後も当時の思い出話が続いた。

ソレントへ

Mrs. A の夫の墓、つまり、A 家の墓は、彼女が最後に暮らしたホステルや息子の家のある辺りから比較的近い、古い墓地の中にあった。彼女の夫と夫の両親が埋葬されている。

葬儀のあと、息子夫婦は 2 週間ほどタイへの海外旅行に出た。Mrs. A が亡くなる前から計画していたことであり、また、毎年夏のヴァケーションとして出かける習慣にしていたことなので特別な意味はなかったのかもしれないが、この休暇から帰ったとき彼らは Mrs. A の遺灰を A 家の墓ではなく、ソレントに戻すことを決めていた。

心の重荷になっていた Mrs. A との約束を、最後に果たそうとしたのかもしれない。

夏も終わりかけていた 2 月下旬、それまで保管してもらっていた Mrs. A の遺灰を火葬場で受け取り、息子夫婦はソレントに向かった。メルボルンからソレントまで何度となく走った道を車は走っていった。ソレントの街に入ると心なしかスピードを落とし、

Mrs. A のかつての家に行き車をとめた。11 月のメルボルンカップの日に来たときと違い、このときは妻が降りて家に誰かいるかどうか見に行ったが不在であった。遺灰となった Mrs. A に家のなかを見せてあげるつもりだったかどうかは、あえてたずねなかった。ただ、しばらく家の前で車をとめていたことから、おそらく住民がいたらそうお願いするつもりであったように筆者には思われた。その後車はゆっくりと動き出し、Mrs. A が以前に買い物などで歩いた道順をゆっくりとたどりながら中心部のショッピングセンターの通りに出て、そこを通り抜け、ソレントらしい、そして、Mrs. A の最後の居場所へと向かった。

第2章　高齢者ケア改革の歩みと現状

この章では現在に至るまでのオーストラリアの高齢者ケア改革の歩みを概観する。主要な部分については次章以降で個別に詳しく述べていくので、ここでは大きな流れの理解を目的とする。

日本との制度的背景の違い

はじめに、日本とは大きく異なるオーストラリアの行政制度と社会保障制度について触れておこう。日本の行政制度は国、都道府県、市町村に分かれ、地方自治体の首長は直接選挙で選ばれ行政単位として独立している。その一方で、機関委任事務といって地方自治体は国の行うべき事務処理を義務づけられていた。明治時代に始まり1999年にこの制度が廃止されるまで、地方自治体は国の出先機関としての一面をもっていたのであり、また、3割自治と言われるように独自の財政的基盤も弱い。

これに対してオーストラリアは6州と1準州から構成される連邦制国家である。ただ、連邦政府が形成されたのが1901年であり、州が先に形成されてその後に国家となった歴史的経緯からもうかがえるように州政府の役割が非常に大きい。これは連邦政府との関係だけでなく市町村との関係においても同様で、州政府の責任範囲は相当に大きく自立的である。とくに、社会政策面においては連邦政府と州の関係は上下関係というよりは分業的並立関係に近いし、他方、日本の市町村が行っている役割のかなりの部分も州が担っているのが実態である。したがって、日本に比べ行政単位としての市町村は非常に限定されていて、独自的に責任を負っているのは道路整備、ごみ処理、建築確認などである。たとえば高齢者への在宅サービスにおいてもオーストラリアでは市町村によって独自のサービス部門をもっていたりいなかったりだが、仮にもっていても、例え自治体であっても連邦政府や州政府の補助を受けるという点では他の民間の事業者と同様の位置づけになる。近年では、本書で論ずるように、市町村も一事業者として競争入札に参加し受注しなくてはならなくなっている。

高齢者へのサービス提供においても営利、非営利を問わず民間の役割が伝統的に大きい。

ただ近年の傾向として、高齢者ケアにおいても連邦政府の指導性が徐々に強化されつつある点を指摘しておこう。州の独自性を尊重しつつも、全国的に標準化しながらサービス・システムを構築するプロセスがはっきりと打ち出されてきている。1985年の高齢者ケア改革戦略も、1997年の高齢者ケア構造改革も連邦政府の主導による。

次に、社会保障制度の基本的性格であるが、日本は社会保険方式であり、オーストラリアはイギリスやスウェーデンのように租税方式（一般財源）を採用しており、類型的には普遍主義的タイプとなる。しかし、均一給付の原則が履行されているかというと、近年の傾向としては所得審査や資産審査が積極的に導入されて選別主義的性格が復活傾向にあるのも事実である。ちなみに、日本は社会保険方式であると言い切ることも問題があり、保険料だけでなく公費（一般財源）の投入が相当大きいのが実態である。承知のように介護保険も財源の半分は公費である。その意味では、日本は折衷的な社会保険方式である。

高齢化の現状と今後[1)]

オーストラリアの高齢化率はまださほど高くはない。2002年で65歳以上の人口は約250万人で、総人口（約1950万人）の12.7％である。ちなみに1991年では11％、そして2021年までには約420万人、18％に達すると予測されている。高齢者人口を65－74、75－84、85歳以上の3年齢区分で比較すると、54％、35％、11％となっており前期高齢層が多いが、85歳以上の増加傾向が著しい。

2001年の国勢調査によると、居住形態では、65歳以上のうち58％は配偶者／パートナーと暮らしている。10％は他の家族（たいていは成人子）との同居、そして、30％は単身である。家族以外の人との同居あるいは共同生活（group households）の高齢者は合計でわずか２％である。

75歳以上では性差が広がる傾向にあり、女性では51％が単身、31％が配偶者／パートナーと居住している。これに対して、男性では配偶者／パートナーとの居住が78％、単身はわずか16％となっている。

一方、施設入居者は65歳以上の５％である。

高齢者人口のなかで要介護状態の人の割合を見るにはオーストラリア統計局（ABS）が用いている「日常的基本行為が著しく制

約されている（severe or profound core activity restriction）」というカテゴリーがその指標とされている。基本行為とは、セルフ・ケア（入浴・シャワー、着脱衣、食事摂取、トイレの使用と失禁時管理）、移動（屋内移動、屋外移動、ベッドや椅子への移動、公共交通機関の利用）、そしてコミュニケーション（家族、友人、その他の人々との双方向の意思疎通）の項目で定義されている。以下、本書ではこれを「ABS基準要介護状態」と呼ぶことにする。

1998年の結果では65－74歳の男性で8％、女性で9％がこのカテゴリーとされている。75－79歳では男性の19％、女性の24％が、80－84歳では男性24％、女性36％、そして85歳以上になると過半数が該当するが性差は縮まり男性の56％に対して女性は69％であった。

高年齢化とともに要介護状態も増加するのはその通りなのだが、興味深いのはオーストラリアの場合、要介護状態は比率的にはそれほど上昇しないと予測されている点である。1991年には全国で65歳以上の人口は200万人、そのうちABS基準要介護状態の人は約385,000人、65歳以上の20％程度であった。これが2001年までにはそれぞれ、526,000人で22％、2011年までには高齢者人口は682,000人と増加するが、要介護の割合は22％と予測されている。つまり、20％～22％で推移するとみられている。

この予測は高齢者人口全体についてであり、年齢区分で85歳以上に限ってみてみると1991年の要介護比率は26％、2001年では32％であり、2011年では37％と予測されている。

要介護状態の発生率をめぐっては、高年齢化とともに障害の度合いも高まるという従来の見解に対して、今後65歳以上に達する人々では障害の発生率は逆に低下するという指摘がなされ、近年研究者の間で国際的な議論になっているが決着をみるに至っていないこともあり、ここでは大まかな傾向として紹介した。

高齢者ケアシステムの制度的構成——2003年[2)]

ここで2003年末時点におけるオーストラリアの高齢者ケアシステムの骨格をおさえておこう。3本柱で構成されており、施設ケア、コミュニティケア（Community Care：地域ケア）、そして介護者用レスパイトケア（respite：介護者一時休息用ケア）である。レスパイトケアが重点的に施策化されたのは比較的最近であるが、この位置づけだけをみてもいかに重視されているかがうかがえる。

施設ケアは虚弱（低ケア low care）レベルと要介護（高ケア high care）レベルの2段階に分かれる。前者は伝統的にホステル、後者はナーシングホームと呼ばれている。

コミュニティケアは、広範囲の在宅ケアを提供するHACC（Home and Community Care：地域在宅ケアプログラム）を中心に、施設入居代替目的の包括的在宅ケアプログラムで、低ケア・レベル対応のCACP（Community Aged Care Packages：地域高齢者ケアパッケージ）と、高ケア・レベル対応のEACH（Extended Aged Care at Home：重介護高齢者対応在宅ケアプログラム）であり、EACHは実質的には最終試行段階にある最新の重点プログラムである。

そして、介護者支援では全国レスパイトプログラムが展開されている。

さらに、高齢者の要介護ニーズの判定を独立して行なうACAT（Aged Care Assessment Teams：高齢者ケア・アセスメントチーム）が全

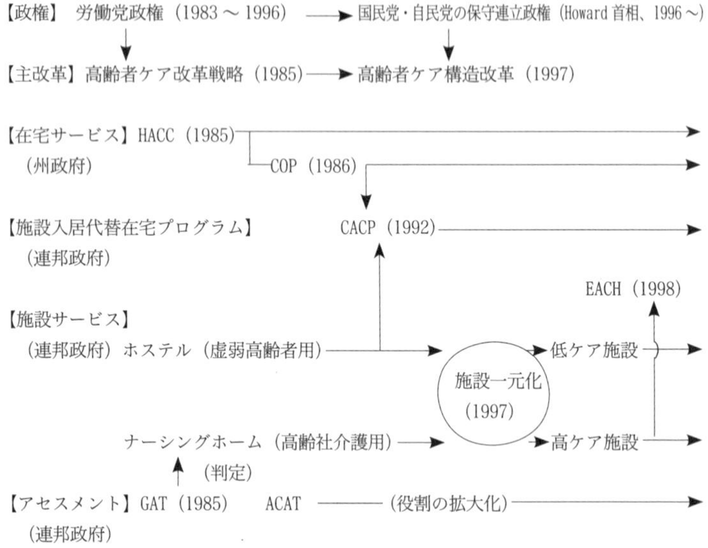

図2－1 高齢者ケアサービスの制度の変化

国配備されており、ケアシステム全体の中心に位置付けられている。また、高齢者ケアに関するあらゆる情報提供をひとつの窓口（電話サービス）で行なうケアリンク・センター（Carelink Centres）が2001年度より創設され全国的に設置されている。

これらは高齢者ケアの公式な説明では必ず言及されるものである。1985年の高齢者ケア改革戦略から1997年の高齢者ケア構造改革、そして、それ以降の制度的変化を示したのが図2―1である。1997年改革からの最近に至る大きな流れは、在宅サービスを拡充しつつ、重点戦略として施設サービスを制度的に一元化し、かつ、それに対応する形で2タイプの機能別施設入居代替プログラムを展開し始めた点である。なお、詳細はこの後に説明していくが、用語についてはxiページのリストも参照していただきたい。

1985 年以前の高齢者ケアの特徴

本書が基点とするのは最初の抜本的改革が行なわれた 1985 年であるが、それまではどうであったのだろうか。オーストラリアでは 1950 年代ごろまでは、介護が必要な高齢者のケアは家族の責任とされ、政府が提供するのは生活困窮高齢者に対しての公的扶助だけであった。1950 年代では、高齢者は基本的に自己責任で生活の安定に備えなくてはならなかったが、民間保険への加入が一般的であった。そして、個人や家族以外では、実際のサービス面は民間非営利の慈善的諸団体に大きく依存していた（Otis,1997,pp.3-11）。

連邦政府が、長期ケア（long-term care）を必要とする人々を対象にナーシングホームの利用に途を開いたのが 1963 年である。この背景には、民間保険に加入していない場合には長期ケアから取り残されてしまう高齢患者の存在があった。ハウ（Howe,2000,p.109）によると、この連邦政府の政策導入は偶然の結果だったという。高齢の長期入院患者にかかる民間健康保険の負担を軽減するため、連邦政府はこの種の患者が公立病院でケアを受けられるように健康保険制度を変更し、その指定を受けた病院をナーシングホームと位置づけたのである。ここからナーシングホームは施設数やベッド数および連邦政府による支出額において急速に拡大していく。地域在宅ケアの体制が整っていなかったことが、ナーシングホーム利用を促進した重要な要因でもあった。

一方、ギブソン（Gibson,1998,chap. 2）によると、高齢者ケア

町にとけこんだホステル

に対する連邦政府の最初の取り組みは1954年の高齢者ホーム法（Aged Persons Homes Act）からであり、この法律により民間非営利団体の運営するホステル型の高齢者施設への施設整備目的の補助金が支給されるようになった。ナーシングホームへのこの補助の適用は、当初、限定的であった。同法の狙いは低所得高齢者に対する居住施設の提供にあったのだが、主に2つの点で失敗したという。第一に、“寄付（donation）”を入居条件にした施設が出現したため、低所得層の高齢者は入居できなくなった。運営側の非営利団体は、資金確保を入居時寄付に依存せざるをえなかったためである。この寄付がその後、入居債権（Accommodation Bond）となり、ホステルは比較的経済的に恵まれた虚弱高齢者の居住施設へと変わっていく。

第二点目は、既存高齢者施設の居住者で介護（ナーシングケア）の必要な人が増加するのを受けて、1963年に連邦政府が介護サービスに対する補助金支給を始めた。これにより非営利団体の施設経営は居住部門だけでなく介護部門でも安定化した。ところが、施設整備補助金は非営利団体に限定されていたのだが、介護補助金は非営利団体に限定されていなかったため民間営利事業者もその補助対象となった。その結果、ナーシングホームへの民間営利事業者の参入が促進され、低リスク・高収益事業としてオーストラリアにおけるナーシングホームの産業化が始まったのである。

介護（ナーシングホーム）ベッド数で比較すると、1963年以前はオーストラリア全国で25,500床だったものが1972年には51,300床になり、約10年間に倍増した。

また、1969年からはホステルに対しても、介護が必要な居住者への介護補助金制度が開始された。この背景には、ナーシングホーム経営への民間営利事業者の参入とその拡大は連邦政府にとって予想以上であったため、ナーシングホームのコスト増が懸念されたという事情があり、この頃からその抑制策が検討され始めたためである。そのひとつが、非営利団体の運営が大半であるホステルの介護機能の強化策であり、かつ、民間非営利団体の運営するナーシングホームへの支援であった。つまり、民間非営利団体の役割拡大に向けた政策がとられたのである。例えば、1975年から1980年の5年間に民間非営利団体のナーシングホーム・ベッド数は47％の増加を示すが、営利事業者のそれは7％の増加に抑えられた。

1983年に労働党政権が発足すると、こうした背景を受けて具体的改革策が検討され、その結果は高齢者ケア改革戦略（Aged Care Reform Strategy）としてまとめられた。なお、労働党政権はこの後1996年まで継続するのだが、次の大きな改革がなされたのが政権交代した保守党連立政権による1997年の高齢者ケア構造改革（Aged Care Structural Reform）という関係になる。

1985年改革：高齢者ケア改革戦略

1985年に、高齢者ケア改革戦略（Aged Care Reform Strategy）が開始する。すでに指摘したように、オーストラリアが1985年の改革を余儀なくされたのは、ナーシングホームの急増とその結果としての費用負担の増加という問題に直面したからであった。連邦政府が1960年代および70年代にかけてナーシングホームに対する積極的な補助策をとったためであり、この時期に民間営利事業者の参入も促進された。したがって、連邦政府は自身の政策のつけを自らが払う状況においこまれた。それ自体は別に珍しいことではないが、オーストラリアの高齢者ケアにおける今日まで続く一連の改革の動きがここから始まったのであり、その意味で’85年改革は改革の基点と言えるのである。

1985年改革のポイントは、次の3点である。第一に、ナーシングホーム偏重を改善するため施設ケアのなかでも虚弱高齢者用施設であるホステルの比重を高めること。第二に、施設利用に際してその必要適切性を客観的に判断するために独立したアセスメント方式を導入、制度化したこと。そして、第三には地域・在宅サービスの制度、HACC《ハック》（Home and Community Care）の創設である。オーストラリアの高齢者ケアの改革は’85年改革が土台となってその後展開していったので、それぞれについて、1997年の構造改革までの変化も含めて述べていきたい。

・施設改革

オーストラリアの高齢者ケア施設は要介護者対応のナーシングホームと虚弱者向けのホステルの２種類がある。そして、施設ケアに対して責任をもつのは連邦政府であり、州政府は地域・在宅ケアに責任を負う分担体制となっている。また、アメリカについで民間営利事業者の経営になるナーシングホームが多いのもオーストラリアの特徴であり、1997年時点でもナーシングホーム全体の約半数を占めている。

一方、ホステルはほとんどすべてが民間の非営利団体による運営である。ホステルに関して見落とせないのは、利用者は入居に際し入居債券の形で一時金を払わなくてはならなかったことである。ホステル運営を支援するために導入された負担方式である。これは無利子預託金の性格が強く、退去時には一定額が控除のうえ返金される仕組みであったが、入居時に所定額を用意するために自宅を売却する人も少なくなかった。

ところで、ナーシングホームへの偏りを是正するために’85年改革で導入されたのが「70歳以上の人口1000人に対して施設ベッド数100」という全国基準（この種の基準はbenchmarkと呼ばれる）であった。この基準はオーストラリアの施設ケアを理解するうえできわめて重要で、その後現在まで一貫して政策前提とされてきている。読者には、この基準を覚えておいてもらいたい。65歳以上ではなく70歳以上とされた理由は、1980年代初めから1990年代中ごろまでの約15年間にかけて70歳以上の集団が急速に増加すると予想されたことと、介護ニーズの高い集団にターゲットを当てた政策化が主張されたこと、さらには65歳以上とするとサービス予測が膨らむので、それでなくても福祉関係支出の増加に頭を痛めていた連邦政府が予測をできるだけ低めにおきたかったことなどが挙げられている（Gibson,1998,p. 34）。

ちなみに1985年時点では、同基準100ベッド中ナーシングホームが67ベッド、ホステルが32ベッドの割合であったが、補助の方式をホステル優遇の方向にシフトさせながら、ホステルの割合を高める政策がとられていった結果、1996年ではこの比率はナーシングホームが49.5ベッド、ホステルが41.4ベッドと改善された。

連邦政府はまた、1988年にナーシングホームへの補助を利用者の介護ニーズに応じて提供する新方式を導入する。入居者分類基準（RCI：Resident Classification Instrument）である。より重介護者を受け入れると補助額も多くなるという経営的インセンティブを狙ったのである。

・アセスメント制度の創設

1985年改革のもうひとつの主要な点は、適切な施設利用とくにナーシングホーム利用を目的に、逆から言えば不必要な施設入居を抑制するために、施設利用の必要性の判定だけを行う中立的機関、GAT《ガット》（Geriatric Assessment Team：老年医学的アセスメント・チーム）を編成し全国配備したことである。それまでは利用者と施設との直接交渉で入居が決められていたため、GATの導入は画期的なことであった。アセスメント・チームは医師、ナース、ソーシャルワーカー、理学療法士、作業療法士などから編成され、医療的ニーズのアセスメントに限定されていた。これはナーシングホームの利用を抑制する目的で導入されたものであるから当然のことであった。

このアセスメント方式に門番（gatekeeper）の機能をもたせたわ

けで、入口を一本化することによって施設利用の流れのコントロールを意図したのであった。アセスメントには利用者個人ごとにニーズを的確に把握するという面と、門番としてサービスの流れを適切に制御するという制度的機能の両面がある。こうした方式はいろいろな国で用いられていて、言うまでもなく日本の介護保険における要介護認定もその一種である。

GAT はその後、ACAT《エイキャット》（Aged Care Assessment Team）と改称され、アセスメントを主体としながらも利用者への情報提供などその役割は拡大してきている。

・地域・在宅サービス制度（HACC）の創設

1985 年の改革で新たに始まったのが、地域・在宅サービス制度で HACC《ハック》（Home and Community Care）プログラムと呼ばれるものである。アセスメント・システムが機能し始めると、ナーシングホームへの入居抑制、その結果としての地域ケアの対象者の増加は当然予想されたことであり、そのための受け皿として在宅ケアのための本格的な制度が創設されたのである。むろん、施設から地域・在宅へというケア理念の転換も主要な理由であった。

オーストラリアでは、在宅ケアサービスは著しく立ち遅れ 1980 年代前半までは政策調整もなく散発的な実践であった。例えば、ナーシングホーム業界が利益代表全国組織をもってロビー活動していたのとは対照的に、在宅サービスを行っていた団体は対外的窓口となる代表組織すらない状態にあった。連邦政府の支援も不十分であった。連邦政府は施設に対しては施設整備や介護ニーズに応じた補助金を支出しているにもかかわらず、在宅サービスに関しては連邦政府と同額の負担を州政府に求めた。そのため、負担の大きさから州政府は消極的姿勢をとるようになり、在宅サービスはなかなか発展できない状態となっていた。

HACCはこうした背景において創設されたのである。それまで散発的に実施されていた在宅サービスを財政面でも制度面でも一元化し、その内容を質量ともに拡充していくことになった。創設当初の1985年と1993年を比べると、支出総額で134%の増加、高齢者ケア全体に占める割合で見ると15%から22%へとHACCは急成長を遂げた。一方、サービス内容では、伝統的なサービスメニューである訪問看護、ホームヘルプ（家事援助)、配食に加えて、介護、レスパイトケア、移送などのサービスが追加、拡充された。また、庭の手入れ（gardening service）やハンディーマン・サービス（home handyman：簡単な修理やちょっとした不便さへの対応）といった新しいサービスも始まった。

現在では、HACCは連邦政府6割、州政府4割の費用負担によって運営されており、サービス事業者の選定など実際的な面は州政府の責任において実施されている。HACCプログラムでサービスを提供しているのは州、市町村、非営利団体であり、州によってどのタイプが大きな役割を果たしているかはばらつきがあるが、ビクトリア州の場合には約半分を市町村が、ついで非営利団体となっており州政府はサービスの直接提供には関与せず補助金の配分に責任を負っている。ただ、州によっては州政府が中心的な役割をとっているところもある。

HACCの重要な特徴としては、高齢者だけでなく64歳以下の在宅障害者も対象となる点であり、利用者全体の20%弱を後者のグループが占めている。もうひとつは、ACATが医療ニーズのアセスメントを行うのに対して、HACCプログラムは日常生活全体を対象としたアセスメントとサービス提供を行うことである。

HACCはその後も拡充、強化され、今日ではオーストラリアの在宅ケアの中心的制度となっている。著しい多様性、柔軟性を特徴として発展してきたHACCであるが、近年ではその標準化に向けた取り組みが強調されている。詳しくは第4章で論ずる。

・在宅支援パッケージプログラム（COPとCACP）の創設

HACC創設の翌年、1986年にHACCのなかに先駆的なプログラムが始まった。コミュニティ・オプションズ（Community Options）―ビクトリア州だけはこれをリンケッジ（Linkages）と呼んでいる―がそれであり、包括的な在宅サービス・プログラムである。対象となるのはHACC利用者のなかでとくに介護ニーズが大きくナーシングホームへの入居の可能性が高い人たちである。こうした人々が在宅生活を継続できるよう通常のHACCサービスではなく、ケアマネジメントにより必要となるサービスを個別に提供する方式である。

さらに、COP《コミュニティ・オプションズ》の実績を踏まえて、1991年からはホステル・オプションズ（Hostel Options）が試行される。これは、在宅で生活しているホステル入居者相当の虚弱高齢者に対してサービスを提供する試験的なプログラムであった。

ただホステル・オプションズは早々に本格的プログラムに統合され、1992年から連邦政府は新型在宅サービスとしてCACP《シーエィシーピー》（Community Aged Care Packages）を開始する。「高齢者地域ケアパッケージ」と訳せるが、頭文字のCACPで覚えた方が便利である。CACPはアセスメントチーム、ACAT《エイキャット》により施設（ホステル・レベル）

入居相当と判定された高齢者のうち複合的ニーズがあり、ケアマネジメントによる包括的なサービスの提供があれば在宅での生活が継続可能と思われる人を対象としたプログラムである。つまり、施設入居代替策としての在宅プログラムである点に特徴があり、施設ケアに責任をもつ連邦政府によって始められた所以でもある。CACPは制度上、つまり予算額ではホステル・レベルとされているが、現実には想定以上の重介護者を対象とするようになっている。この問題に対処するためにのちに導入されていくのがEACH《イーチ》（Extended Aged Care at Home：重介護高齢者対応在宅ケアプログラム）という関係になる。

CACPは利用者には大変好評であり、施設入居代替策であるため連邦政府もかなり重視していて強化、拡充の方向にある。

1997年改革：高齢者ケア構造改革

1985年の高齢者ケア改革戦略以降もさまざまな面で改革的試みは行われていくのだが、1985年に次ぐ総合的、抜本的な改革は1997年であった。同年に成立した高齢者ケア法（Aged Care Act）に基づく高齢者ケア構造改革（Aged Care Structural Reform）である。1985年改革後の一定の成果を踏まえながらも、国家財政の逼迫が主たる圧力となって始められた一連の構造改革である。とりわけ1997年改革はその前年の総選挙で約10年ぶりに政権復帰した保守連立政権によって打ち出されたこともあり、ハワード首相の強力なリーダーシップのもと連邦政府の負担軽減と利用者負担の増加がはっきりと組み込まれたものであった。

その主要部分は新たに導入された施設ケア部門の抜本改革と、

介護者支援の強化、包括的在宅ケアプログラムの拡充である。介護者支援ではレスパイトケア（respite care）の強化が、また、包括的在宅ケアプログラムでは1992年から始まったCACPの拡大が目標とされた。これらについての詳細は該当章で論ずるのでここでの扱いは概略にとどめ、主に施設ケアについて説明する。言うまでもなく、施設ケアは最大支出部門でもあるので、1997年改革の特徴が凝縮されている。

・施設の一元化

1997年改革の最大のポイントは、30年近く続いたナーシングホームとホステルの施設区分を一元化すると同時に、利用者負担を大幅に拡大したところにある。呼称も変わり公式な名称は、ナーシングホームは高ケア（high care）施設、ホステルは低ケア（low care）施設となった。それ以降、high care、low careという表現が頻繁に用いられるようになったが、一般の人々は旧来の呼称に慣れているのが現状であるため、以下、本書では新呼称と旧呼称を適時併用していくことにする。

一元化はいくつかのレベルで行われるのだが、その一つはニーズの判定基準の一元化である。それまでナーシングホームとホステルで別々に用いられていたケアニーズの分類尺度を統合し、入居者分類尺度（RCS: Resident Classification Scale）と呼ばれる新方式を導入した。この尺度は要介護度を８段階に分け、レベル１が最重度、レベル８が最軽度である。そして、ナーシングホーム入居相当とされるのが高ケア・レベル（high level）と呼ばれレベル１からレベル４まで、そして、低ケア・レベル（low level）がレベル５からレベル８まででホステル相当とされている。ケア施設への連邦政府の介護補助金は入居者の介護度に応じて設定されていて、2001年でみると最重度のRCSレベル1の場合には一人当たり日額$109.97、同様にレベル2では$99.46、レベル3では$85.64、レベル4は$60.81で、ここまでが高ケア・レベルである。一方、低ケア・レベルはレベル5から始まり日額$36.63、レベル6が$30.35、レベル7は$23.30となっており、最軽度のレベル8では補助金はない（AIHW, 2003,p. 231)。なお、補助額は州により若干の変動があり、これらはニューサウスウェールズ州の例である。

ここで注意が必要なのは、施設入居の可否を判定するアセスメントの仕方には基本的には変更はないということである。ACATはそれまではナーシングホーム入居相当かホステル入居相当かのいずれかの判定を下していたのだが、新方式においても1～4レベルか5～8レベルかの高低区分の判定に変わっただけで、択一のカテゴリー判定であることに変わりはない。つまり、ケアニーズを8段階のいずれかに判定するわけではない。また、低ケアから高ケアへの区分移行の場合には、その時点で再度ACATによるアセスメントが必要とされているが、この点もホステルからナーシングホームに移る場合に義務付けられていたので従来と変わりはない。

しかし、新方式はホステル入居者には大きな変更を意味していて、要介護度が増してもACATによるアセスメント判定を受けた後引き続き同じところで必要なサービスを受けながら生活できるようになったことである。それまではホステルを退去してナーシングホームに移らなくてはならなかった。すでに現実化しておりまた将来的に一層の増加が予測されているホステル入居者の高齢化、重介護化への対応策でもある。この点を強調してAgeing

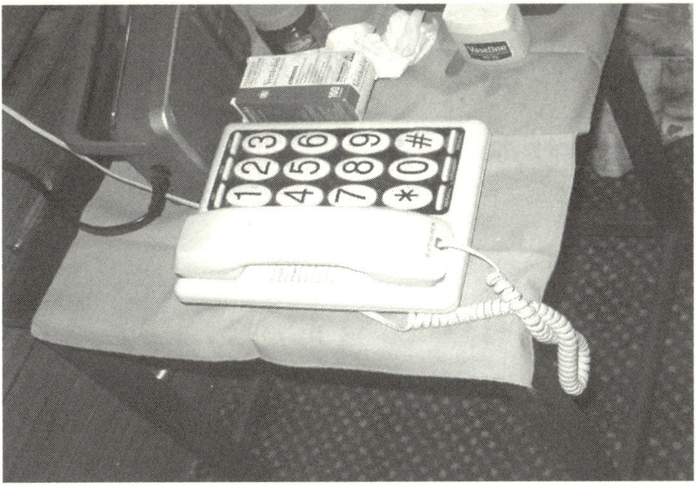

わかりやすい電話

in Place、“今いる場所で継続した生活を” という表現が用いられている。換言すると、8レベルのニーズ段階に応じての連邦政府の補助額は変わっていないから、施設の一元化は虚弱高齢者用の施設であったホステルを介護対応型に実質的に変えていくことを意図している。

なお詳しくは第3章で述べるが、8段階の尺度を導入しながらACATの判定がなぜ1～4、5～8レベルの区分判定なのか、つまり、なぜ8段階のなかでの段階判定をしないのか疑問に思われるかもしれないので、その点だけを説明しておこう。ACATは区分判定のみで、区分内のどのレベルとなるかは実は、受け入れ施設が判断して当該レベルでの補助金申請を行うことになっているからである。また、ACATは施設入居の適否のみの判定を行うのであり、入居可能な施設についての情報提供は行うものの特定施設を紹介することはできない。判定の公平さのためであるが、反面、利用者やその家族にとっては実際の入居先の施設と単独で交渉し入居契約までしなければならないのである。

・施設水準認定制度の導入と利用者負担の増加

ところで、連邦政府の補助はケアレベル別補助だけでなく施設建設費補助や事務経費補助など、かなり複雑なシステムとなっている。1997年改革において連邦政府は、施設一元化にともないすべてのナーシングホームとホステルを対象に施設の建築面と環境面、サービス面について政府基準に基づく認定を義務付けた。施設側の申請という形はとるものの、この認定を受けなくては連邦政府の補助を受けられなくなるだけでなく、ナーシングホームの場合には新設された利用者負担のひとつである入居料制度を活用できなくなった。この制度は、ホステルの場合には1985年改革から導入されていたもので「入居債券（Accommodation Bonds）」と呼ばれており、利用者はホステル入居時に全額支払う。一方、1997年改革から徴収が認められたナーシングホームの場合は「入居料（Accommodation Charge）」と呼ばれ、施設は入居者から一日あたりの料金を入居後最長5年間にわたって徴収できることになった。当初案ではホステルと同様に入居時一時金方式が検討されたのだが、ナーシングホーム入居者の場合には入居期間がホステルほど長くないこともあり日割方式におさまったという経緯がある。なお、仮に入居先の施設が変わっても徴収対象期間は、合計して5年間までとなっている。

この認定作業のために政府は独立した機関として高齢者ケア施設水準認定局（Aged Care Standards and Accreditation Agency）を設置し、認定の基準項目が決定した後の1999年秋以降作業を開始し、

2001年１月１日までに全申請を処理した。この認定制度については後述する。

ナーシングホームの入居料の根拠であるが、簡単に言えば、ケアに関わる費用と滞在生活費を分離し、後者に対応するものとして入居料の制度を導入したということになる。それまでのようにナーシングホームの施設維持や環境整備の費用を、連邦政府の補助だけに依存するのではなく、この入居料によってまかなえるように誘導するためである。施設側は入居者１人当たり年間2600ドルを限度に最長５年間は所定の目的のために使ってよいことになったのである。そしてこうした入居関連料金の徴収を許可してもらうために、先に述べた施設水準認定を受けなくてはならないのである。

利用者負担は入居債券か入居料だけでなく、所得審査のうえではあるがサービスへの入居者の自己負担が導入されたのも1997年改革の特徴である。これは、実質的にはナーシングホーム入居者の自己負担額の引き上げを意味した。ナーシングホームの場合それまではすべての入居者が高齢者年金（pension）に対して同一割合で負担していたが、施設一元化によりそれまでのホステル方式、すなわち所得額に応じた負担方式がナーシングホーム入居者にも適用されることとなった。

よって1998年３月１日以降、施設入居者はすべて、サービス利用料として最低で一日$21.10の基本料金と、所得に応じてさらに最大日額$36.90を支払わなければならなくなった。そしてこれとは別にさらに、ホステルの場合には当該施設が設定する入居債券を、一方、ナーシングホームであれば資産調査のうえ最大で日額$12.00の入居料を最長５年間支払うことになったのである。

参考までにここでオーストラリアの高齢者年金制度について、

少し説明しておこう。日本のように拠出制による社会保険方式ではなく一般財源が充てられ、オーストラリア国籍あるいは永住権をもち10年以上（内、5年間は継続居住）オーストラリアに居住すれば受給資格が得られる[3)]。しかし、受給資格があればすべての人が満額もらえるかというとそうではなく、個人所得が一定水準以上になると年金支給額は減じられる。例えば、上記のナーシングホーム入居料の場合、利用者負担は、高齢者年金満額受給者（Full Pensioner）は日額$21.10の基本料金のみでよいが、年金部分受給者（Part-Pensioner）では基本料金に加え、所得審査により平均日額$3.60、最大日額$12.60が加算される。そして、個人所得が年額$56,000以上ある場合には資格はあっても年金非受給者（Non-Pensioner）となり、サービス利用の基本料金自体も$26.40と割高に設定されているだけでなく、所得審査の結果により日額で平均$11.90、最大$36.90を支払わなくてはならない。つまり、「非年金受給者」であるということは経済的には恵まれた層を意味するので、表現から誤解しないよう注意が必要である。なお、拠出型の退職年金（Superannuation）も1986年に導入され現在では広範囲の就労者が加入している。2000年でみると55歳以上の就労者全体の9割弱が加入しているが、加入期間の関係で受給者の本格的な出現は2030年代になるという。

こうしてみてくると明らかなように、1997年改革における施設一元化とは、ホステル入居者にとって要介護度が増しても退去しなくてすむようになったという改善面はあるにせよ、連邦政府によるナーシングホームとホステルのそれまであった“良いとこ取り”による財政負担の軽減を狙ったものであることは否めない。

・施設利用から在宅への転換促進

先に述べたように1985年改革によってオーストラリア全体での施設整備基準が設定された。「70歳以上の高齢者1000人に対して施設ベッド数100」という基準（benchmark）である。先に述べたように、ナーシングホームとホステルの比率は100ベッドに対して1985年時点ではそれぞれ67と32であった。1985年改革はナーシングホームに対しホステルの比率を高めることが主要な目的であったが、その結果、1996年ではこの比率はナーシングホームが49.5ベッド、ホステルが41.4ベッドと改善された。

一方、連邦政府は1992年から包括的在宅サービス・プログラム、CACP（Community Aged Care Package）を開始しており、アセスメント・チームACATにより低ケア施設入居が相当と判定された高齢者のうち複合的ニーズのある人を対象とした在宅サービスのプログラムである。これは、施設ケアに責任を負う連邦政府が制度上で言えば施設ケアの枠組みのなかでその一部を在宅対応しようとしている点が特徴の新型サービス・プログラムである。つまり、施設入居代替策としての在宅プログラムである。それゆえ、CACPはその後「70歳以上1000人当り」という施設整備基準の中に位置づけられているのである。

連邦政府の計画では2011年までにこの比率を全体枠100ベッドのうちナーシングホームは40ベッド、ホステル50ベッド、そして10ベッド分、つまり施設利用全体の一割をCACPで対応する予定である。CACPについては第5章で詳しく論ずる。

以上、1997年の高齢者ケア構造改革の主要な点についてみてきたが、2001年5月に発表された改革2年後評価報告によると、今回の改革はおおむね順調に進んでいるという。

高齢者施設の現状

高齢者ケア施設の運営主体の多様性もオーストラリアの特徴である。民間営利法人が高ケア・レベル施設（旧ナーシングホーム）の48％とかなりの比率を占めているが、反面、低ケア・レベル施設（旧ホステル）では3％にすぎない。非営利民間法人が運営する施設はナーシングホームの38％、ホステルの91％である。州政府や地方自治体が直接運営しているのはナーシングホームの14％とホステルの6％である。こうした運営主体のミックスさは本章のはじめで述べたように施設タイプごとに発展してきた結果であるが、営利、非営利を問わず民間が非常に大きな役割を果たしてきたことをまず確認しておく必要がある。1997年改革による施設一元化はこうした多様性の上に導入されたわけであり、それが運営主体の特性を促進させることになるのか、それとも変質、阻害させることになるのかは非常に興味深い点であるが、それが明らかになるのはまだしばらく先である。

表2－1は、使用されている高齢者ケア施設とCACPの推移を1996年から2001年（この年のみ暫定値）まで示したものである。

まず施設利用者数に着目すると、1996年と1997年は一元化以前のためナーシングホームとホステルそれぞれの数値とその合計の両方が提示されている。一元化される前の両者入居者数を確認する上でもこの2年間のデータは重要である。入居者数においてナーシングホームはホステルの約1.19倍（1996年）と約1.15倍（1997年）であった。1998年以降は一元化の結果、合計数だけの

表２－１　高齢者ケア施設稼働ベッド数と CACP

			人口1000人当たりの人(ベッド)数	
年	ケアタイプ	人(ベッド)数	70歳以上	65歳以上の重度要介護者
1996	CACP	4,431	2.9	9.7
	ホステル	62,471	41.4	137.2
	ナーシングホーム	74,380	49.2	163.4
	両施設合計	136,851	90.6	300.7
	全体合計	141,282	93.5	310.4
1997	CACP	6,124	3.9	13.1
	ホステル	64,825	41.7	138.2
	ナーシングホーム	74,233	47.7	158.2
	両施設合計	139,058	89.4	296.4
	全体合計	145,182	93.3	309.5
1998	CACP	10,046	6.3	20.7
	高齢者ケア施設	139,917	87.4	288.8
	全体合計	149,963	93.7	309.5
1999	CACP	13,753	8.4	27.7
	高齢者ケア施設	140,651	85.6	283.3
	全体合計	154,404	94.1	311.1
2000	CACP	18,149	10.8	35.4
	高齢者ケア施設	141,162	83.8	275.5
	全体合計	159,311	94.5	310.9
2001	CACP	24,430	14.1	46.4
	高齢者ケア施設	142,310	82.4	270.5
	全体合計	166,740	96.6	316.9

＊CACP は Community Aged Care Packages の略
＊1997年10月1日より施設一元化となった
＊出典：AIHW, 2001, p. 223.

表示であるが実数ベースでは漸増傾向にある。

ただ比率でみると、施設利用は逆に漸減している。70歳以上のカテゴリーでは100ベッドに対して1996年の90.6人を最大に、'97年89.4人、'98年87.4人、'99年85.6人、2000年83.8人、そして2001年82.4人であり、さらに要介護状態（ABS基準「日常的基本行為が著しく制約されている」）にある65歳以上のカテゴリーでも'96年の300.7人が2001年の270.5人と同様の傾向にある。70歳以上のカテゴリーは年齢だけを基準にしたものであるからこのカテゴリーのすべての人が要介護状態にあるわけではないが、後者のカテゴリーは、対象者はすべて要介護状態にあるのでこの漸減傾向は、実数では利用者は増加しているなかで比率が低下しているということになり、より多くの要介護状態の高齢者が施設以外の場所でケアを受け始めていることを示唆している。また、施設一元化によりかつて虚弱高齢者用施設であったホステルが介護サービスの提供に移行しているという変化も施設利用状況を示す数値のなかにくくられている点も見落としてはならない。端的に言えば、主眼はやはりナーシングホームへの比重軽減であり、そのことによる連邦政府の支出抑制なのである。

Ageing in Place、“今いる場所で継続した生活を”は1997年改革における施設一元化の狙いであり、具体的にはホステルの介護サービス提供機能を強化、拡充させようとする政策であるが、その背景には言うまでもないが、ホステル居住者の要介護化という現実がある。改革が始まって間もないのでデータも限られてしまうが、入居者分類尺度（RCS）で低ケア・レベル（low care：旧ホステル相当）であった入居者のうちアセスメントを受け、その結果、高ケア・レベル（high care：旧ナーシングホーム相当）と判定された割合を 1998 年と 2000 年で比較すると、11％から 19％へと上昇している。入居者のニーズの変化は、ホステルのナーシングホーム化が着実に進んでいることを示している。

一方これとは別に、各施設が行なう連邦政府への補助申請からみると、2000 年では旧ホステル居住者のほぼ５人に１人が高ケア・レベル（最重度のレベル１－レベル４まで）での補助金を受けている。なかでもレベル３と４に集中する傾向が指摘されている。さらに、低ケア・レベル（レベル５－８）カテゴリー内であってもその中での重度化がみられるという指摘もある（AIHW,2002、p.230-231）。

こうした文脈で考えると、ホステルにナーシングホーム的機能を持たせるだけでなく、施設入居に変わる在宅プログラムへの期待の大きさが容易に理解できよう。しかも、この種のプログラムは利用者には人気が高く希望者が多いので、なおのこと拡充に向けた動きが加速している。利用者の個別的ニーズに柔軟に対応することで、施設入居を回避し、在宅生活の継続をはかるのが目的であるから、CACP が 1997 年改革における戦略的なカードであることは明白である。1992 年にわずか 470 人枠で始まったこのプログラムは実数で '96 年には 4,431 人枠、'97 年には 6,124 人枠、'98 年 10,046 人枠、'99 年 13,753 人枠、2000 年 18,149 人枠、そして 2001 年で 24,430 人枠と急増している。'96 年と 2001 年を比べると約 5.5 倍になっている。導入年の 470 人枠と比較すると 10 年で 52 倍である。

この傾向を比率でみると、70 歳以上のカテゴリーでは 100 ベッドの内、'96 年の 2.9 人枠から 2001 年の 14.1 人枠へと約 4.9 倍であり、要介護状態にある 65 歳以上のカテゴリーでは '96 年の 9.7 人枠から 2001 年の 46.4 人枠へと、こちらもほぼ同じ約 4.8 倍となっている。施設入居代替策としては有望な評価を得ていることがこうした変化から理解できよう。

CACP にはここで述べた以外の重要な特性もあるのだが、このプログラムについては第 5 章で詳しく論ずる。ここでは、CACP をさらに強化した、より介護レベルの高い高齢者を対象に始まった EACH の今後の展開を予想する上で CACP の拡充プロセスが参考になる点を指摘しておきたい。

高齢者ケア全体の支出規模

ここまでオーストラリアの高齢者ケアの主要部分について説明してきたのであるが、ここで本章の締めくくりとしてその全体像を、要介護高齢者に対する支出規模から概観しておこう。

表２－２は、1995 年度から 1999 年度までの 5 年間にわたり主要支出項目別に比較したものである。なお、表示額は実績での比較がしやすいようにインフレの影響を調整したものである。まず、直近の 1999 年度でみると、総額は約 47 億 3500 万ドル、項目ごとの内訳を比率で示すと、高齢者ケア施設部門が全体の 77.3%、HACC 部門が 14.9%、アセスメント部門が 0.8%、包括的在宅サービスプログラムの CACP 部門が 3.1%、多目的柔軟サービス部門が 0.8%、訪問看護手当・介護者手当部門の合計が 2.9%、そして 1997 年改革で導入された施設水準認定部門が 0.2% となる。

多目的柔軟サービスとは過疎地や遠隔地を対象とする多目的サービスと、先住民であるアボリジニとトレス諸島民[4]を対象とする高齢者ケア戦略の両方をまとめたもので、連邦政府と州政府の共同補助制度であり、地域ニーズに応じたサービス提供を行う。

表２－２　高齢者ケア・プログラム別総支出の変化
（インフレ調整後：豪ドル×百万）

プログラム名	1995-96	1996-97	1997-98	1998-99	1999-2000
高齢者ケア施設	2,848.80	3,112.10	3,460.60	3,584.00	3,660.70
ＨＡＣＣ	585.7	639.3	645.0	673.4	706.8
アセスメント	40.4	39.9	40.7	38.6	39.2
ＣＡＣＰ	35	53.6	86.1	121.8	145.7
柔軟・多目的サービス	13.5	18.4	25.8	29.4	37.9
在宅看護手当・介護者手当	49.4	53.9	54.1	71.6	137.8
施設認定	…	…	5.2	5.9	7.6
合　計	3,572.80	3,917.20	4,317.60	4,524.70	4,735.70

＊出典：AIHW, 2001, p. 243

多目的サービスは1990年に始まり、2000年では44の多目的サービスが展開され、その中には905人分の施設入居枠と68人分のCACP枠が含まれている。一方、先住民対応プログラムの方は1996年に開始され、2000年でみると21の柔軟サービスが提供され、275人分の施設入居枠と92人分のCACP枠がある。訪問看護手当・介護者手当は介護者支援策としての金銭給付制度のことである。これについては第6章で述べる。

さてこの表から明らかなように、年度ごとの比較では比率的には依然として施設の占める割合が非常に高いが、1999年の77.3％という水準は、1995年度の79.7％、96年度の79.4％、97年度の80.1％、98年度の79.2％と比べると低下したことが分かる。'97年度以降はナーシングホームとホステルが合計表示となったのでその内訳はこの表からは分からないが、施設一元化の前年、'96年度について別の資料によるとナーシングホームの費用はホステルの4.5倍であった。

HACCの年度ごとの比率は、95年度の16.4％、96年度の

16.3%、97 年度の 14.9%、98 年度の 14.9%とだいたい一定している。

対照的に大きく伸びているのが CACP で、'95 年度では全体の 1.0% に過ぎなかったが '99 年度では 3.1%を占めるに至っている。額の伸びでみても '99 年度は '95 年の約 4.2 倍である。先にも触れたように、施設入居代替策である CACP は今後重点的に拡充予定とされている。

ところで、表２－２から 5 年間に総額は約 1.3 倍に増加していることが分かるが、これは要介護高齢者の増加におおむね対応したレベルであるという。また、一人当たりの年間介護サービス所要額は '99 年度で $9,243.5 であった（AIHW 2001,p.243,2002)。

参考文献

Australian Institute of Health and Welfare,1997,*Australia's Welfare 1997*

———— ,1999,*Australia's Welfare 1999*

———— ,2001,*Australia's Welfare 2001*

———— ,2003,*Australia's Welfare 2003*

Gibson,Diane1998Aged Care: Old Policies,New Problems,Cambridge University Press

Otis,Nancy,1997,Care of the Frail Aged: an international policy perspective,In: *Assessment of Older People: A Review of Recent International Literature*,Edited by: Nancy Otis and Alex Butler,Lincoln Gerontology Centre,La Trobe University

ハウ・アンナ、2000、「高齢者ケア」『世界の社会福祉 10：オーストラリア・ニュージーランド』小林・小松編、旬報社

第3章　アセスメントの実際

オーストラリアでは、高齢者ケアの話になると必ずといっていいほどACAT《エイキャット》、あるいはACAS《エイキャッス》という言葉が出てくる。ACATは高齢者ケア・アセスメントチーム（Aged Care Assessment Team）で、ACAS（Aged Care Assessment Service）はそのサービスのことである。施設入居の必要性が出てくると、すべての高齢者は自分の居住地を担当するチームのアセスメントを受けなくてはならない。施設には高ケア・レベル（旧ナーシングホーム）と低ケア・レベル（旧ホステル）の2種類があるが、このいずれかへの入居が必要な状態になるとACATのアセスメントが必要となる。とりわけ最近では施設入居相当という判定結果を受けた高齢者を対象に、施設入居ではなくそのまま在宅での生活を維持するための包括的ケア・プログラムが提供されるようになっていることと、レスパイトケア（介護者一時休息用ケア）の判定もACATが行うようになっているため、ACATによるアセスメントの重要性は以前よりも拡大傾向にありとくに在宅サービスとの関連性が増してきている。

学際的アセスメント・チームであるACATに施設入居が必要であるか否かの判定権を与え、この方式を全国展開している点に、国際的にみたときのオーストラリアの高齢者ケアシステムの大きな特徴がある。

ただ注意を要するのは、アセスメントは ACAT だけが行っているのではないということである。システム全体の根幹にあるのは ACAS であるが、州政府が実施責任をもつ HACC《ハック》（Home and Community Care：地域在宅ケアプログラム）においても独自のアセスメントが行なわれている。また、ACAT によって利用が適切と判定された包括的在宅ケアプログラム（CACP）や HACC 内の同種プログラムである COP の場合も、ケアマネジメントを担当する事業者は独自にアセスメントを行い、ケアプランを作成している。このように目的と内容はそれぞれに異なるのであるが、利用するサービス制度によって複数のアセスメントが行われていることをまずおさえておく必要がある。この章では ACAT に焦点をおきつつ、関連のある場合にはもうひとつの主要な制度である HACC のアセスメントに言及しながらみていくことにする。

アセスメントをめぐる ACAS と HACC の主な違いは、次のようにまとめられる。ACAS は保健サービス領域に位置づけられており、チームのメンバーも保健、医療関連領域の専門職である。ACAT は州政府の管理下におかれるが、費用は連邦政府がもち、州政府は連邦政府のガイドラインを用いなくてはならないから実質的には連邦政府のプログラムである。他方、HACC は州政府の責任のもと主に市町村や民間非営利事業者がサービス提供を担当しており、HACC のアセスメント項目の範囲は ACAS よりも包括的である。しかし、第 4 章で詳述するように HACC のアセスメントは ACAS のようにシステム化されておらず、詳しいマニュアルはあるものの市町村など個々の事業者が行っている。そして、この点が現在 HACC 改善の大きな課題となっている。

前章で述べたようにこの方式が導入されたのは 1985 年の高齢

者ケア改革戦略においてであり、最初はGAT《ガット》（Geriatric Assessment Team：老年医学的アセスメント・チーム）と呼ばれていた。その後、現在の名称に変わった。老年医学的という表現から分かるように、これは当初から身体的、精神的状態に関する医療的ニーズのアセスメントであり、アメリカで開発されたMDS（Minimum Data Set）が用いられている。

施設入居は1985年改革までは利用者と施設側とで直接決められていたが、施設入居が必要であるかどうかの判定を政府の独立した機関が行うように変更したわけで、’85年改革の柱のひとつであった。ただしアセスメント・チームが行うのは入居相当か否かの判定だけであって、具体的な入居先施設に関しては情報提供をするだけである。したがって、そこから先はその高齢者と家族が希望先の施設と自分で交渉しなくてはならない。この点は現在まで変わっていない。

ここでは1997年の高齢者ケア構造改革以降の実情について、述べることにする。

ACATの構成と役割

ACATは医療専門職を中心に、通常、老年科医、一般開業医（GP：General Practitioner）、地域保健ナース、ソーシャルワーカー、理学療法士、そして作業療法士から構成されることになっている。各チームが受け持ち区域（これはcatchment areaと呼ばれる）をもっている。オーストラリア全体で127チームが配備されている。

ビクトリア州の場合、ACATは18チームおかれている。図３－１のように、ビクトリア州政府は州内を９つのサービスエリア

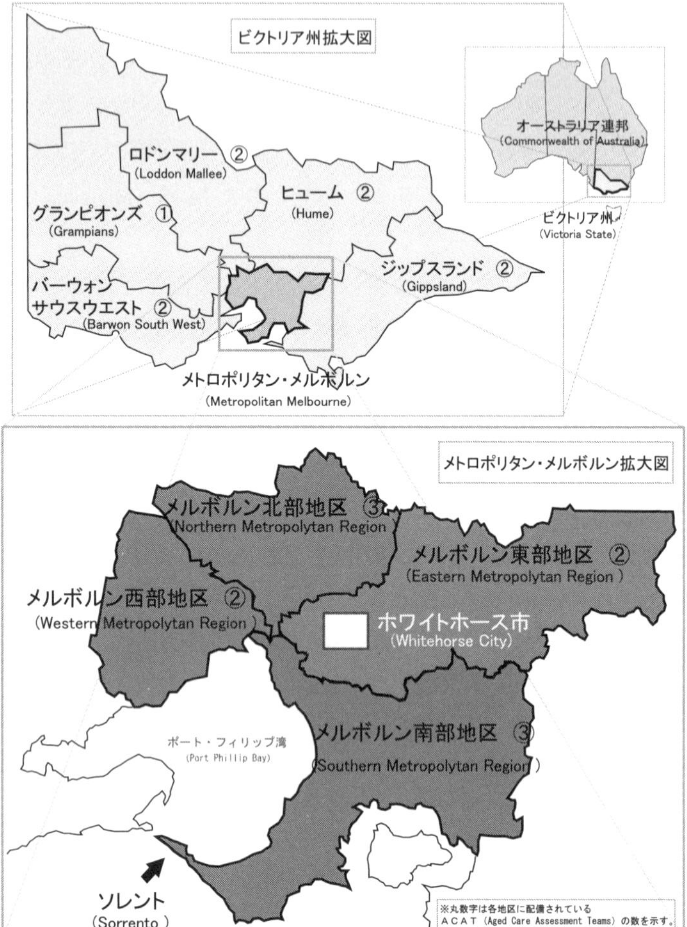
ビクトリア州拡大図
オーストラリア連邦
(Commonwealth of Australia)
ビクトリア州
(Victoria State)
ロドンマリー ②
(Loddon Mallee)
ヒューム ②
(Hume)
グランピオンズ ①
(Grampians)
ジップスランド ②
(Gippsland)
バーウォン
サウスウエスト ②
(Barwon South West)
メトロポリタン・メルボルン
(Metropolitan Melbourne)
メトロポリタン・メルボルン拡大図
メルボルン北部地区 ③
(Northern Metropolytan Region)
メルボルン東部地区 ②
(Eastern Metropolytan Region)
メルボルン西部地区 ②
(Western Metropolytan Region)
ホワイトホース市
(Whitehorse City)
メルボルン南部地区 ③
(Southern Metropolytan Region)
ポート・フィリップ湾
(Port Phillip Bay)
ソレント
(Sorrento)
(第1章を参照)
※丸数字は各地区に配備されている
ACAT (Aged Care Assessment Teams) の数を示す。

図3－1

に分割しており、予算配分などを含めた実施運営はこのエリアに基づき、実際には地方自治体を中心に行なわれている。カッコ内の数字が示すように、ACATは各サービスエリアに最低で1チーム、多くて3チームが配置されている。当然であるが、メルボルン一帯のメトロポリタン地域に半数以上の10チームが集中している。筆者がフィールドワークを行なったのはこのうちの「Eastern Melbourne Region、メルボルン東部地区」であり、Peter James CentreとOuter Easternという2つのACATが置かれている。また、地方自治体例として調査対象にしたホワイトホース（Whitehorse）市（図3—1で白抜き）もメルボルン東部地区に含まれている。

ACATの主たるメンバーは上記のようであるが、地域事情もあり全てのチームがこの構成というわけではない。メトロポリタン地域ではほぼすべてがこれらの専門職で構成されているが、人口の少ないそれ以外の地域では地域保健ナースと作業療法士はほぼどのチームにも入っているが、医師が参加していないチームが8チーム中3チームある。また、こうした地域ではソーシャルワーカーと理学療法士の参加は医師以上に少ない。

オーストラリアではACASのアセスメントに22項目からなる全国版ミニマム・データセット（National Minimum Data Set）が用いられてきた。年齢、性別、要介護度レベル、そしてサービスニーズのレベルをアセスメントしているが、要介護度の判定が十分できないという問題点や介護者の有無や在宅生活状況が捉えられないなどの問題点が指摘されており、改定作業が進められてきた。2003年度以降に導入されている。

実際、2003年12月に後述するPeter James Centreを二度目に訪問した際に入手した改訂版は全7頁で、パート1からパート5

までの合計 42 項目と、クライエントの希望するサービス（パート 6）と判定結果（パート 7）とで構成されている。大半はアセスメントに関わる部分である（7 頁中 6 頁）。ごくわずかな記述部分を除き、該当項目をチェックする方式になっている。このセンターの ACAT はこの他にも 3 種類のアセスメント書式を用いているが、これらについては後に述べることとし、ここでは中心である改訂版のアセスメントの項目を紹介しておこう。

パート 1 は 15 項目からなり、クライエントの概要である。氏名、住所、生年月日、性別、婚姻状況、住宅の種類、同居者の有無などに加え、オーストラリアでの出生か否か、在宅での使用言語は英語か否か、先住民か否かなどの項目になっている。パート 2 はクライエントとの接触記録についての 4 項目で、アセスメントの緊急性（48 時間以内、3-14 日、14 日以上）、最初のコンタクトの日、実際の面接日と場所である。パート 3 は介護者に関するもので 3 項目、すなわち、介護者の有無、同居か否か、続柄である。

パート 4 が中心で日常生活動作の障害と援助に関する 12 項目から構成されている。ニーズ状態、現在誰かの援助を受けているかどうか（フォーマル、インフォーマルの両方について）、さらに必要な公的サービス、特定サービスプログラム（CACP,COP など）を現在利用中か否か、過去 12 ヶ月間のレスパイトケアの利用有無、診断を受けている疾患や障害、必要と判断される特定サービスプログラム、レスパイトケアの必要性などや、アセスメント終了の理由、当該アセスメントに参加した ACAT の専門職メンバー（医療、看護、保健、ソーシャルワーク領域別）である。ニーズ状態はセルフケア（入浴・シャワー、着脱衣、食事摂取など）、移動動作、自宅外移動、コミュニケーション、健康上の課題、移送、社会的・

コミュニティ参加活動、家事、食事、住環境維持、その他などである。

パート5はアセスメントの要約とサービス事業者への情報で8項目である。認知的行動・心理面、栄養状態、排泄管理、衛生管理・体位交換・服薬・特別処置など、感覚機能、リハビリの必要性、かかりつけ医の連絡先などとなっている。

判定結果（パート7）は、施設ケア、コミュニティケア、柔軟ケアのいずれかで示され、さらに、施設であれば高ケアか低ケアかの区分と、認知症（痴呆）専用などの特別なケアの必要性が明示される。施設でのレスパイトの場合にも高ケアか低ケアの区分が示される。そして、コミュニティケアや柔軟ケアの場合を含め、これら全ての判定には判定有効期限が記入される。

サービスネットワークとACATの関係

図3－2は、ビクトリア州におけるACATを中心としたアセスメントの流れを示したものである。この図にはACATと並ぶもうひとつの主要なアセスメントであるHACC事業者によるアセスメントも含めている。それぞれひし形で示している。なお、HACCについては第4章で取り上げる。アセスメントの対象となる人口、ACATにアセスメントを依頼してくる関連機関、そしてアセスメントの結果の3つのレベルで構成されているので、それぞれ順に説明しよう。

対象人口は70歳以上であるが、70歳以下であっても障害者でACATのアセスメントが必要な場合には対象となる。ACATの役割は当初からの施設入居関係の判定から、決定権限はない場合で

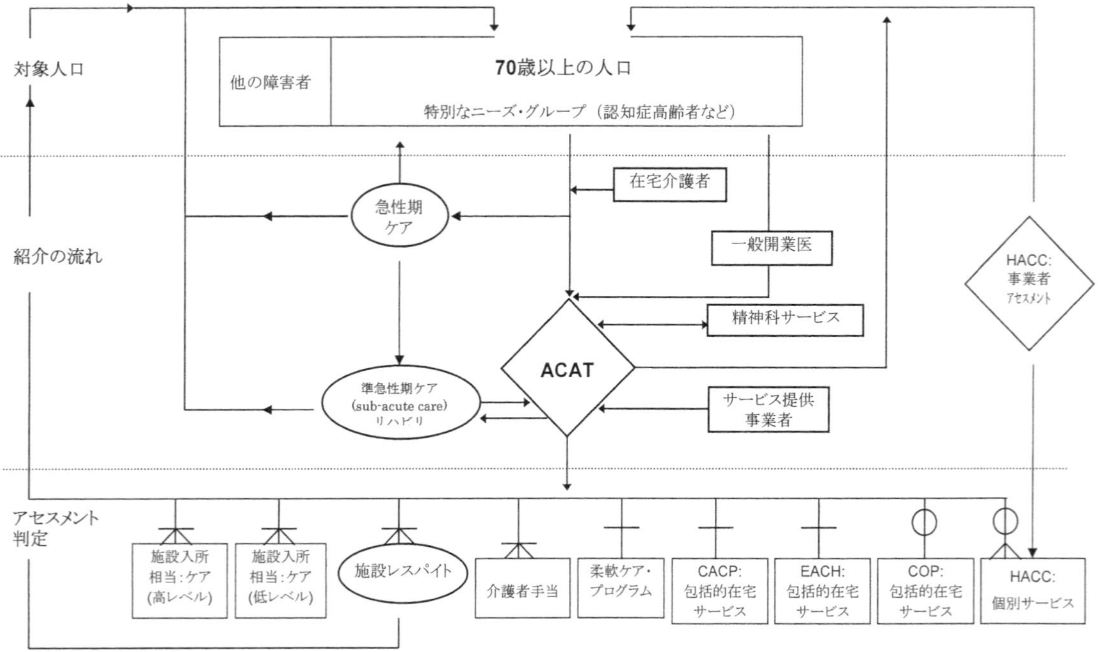

図３－２

出典：Charlton, 1997, p.68 に木下が修正、追加したもの

もアセスメント機関として活用されることが増えてきており、とくに若年障害者も対象となるHACCとの関連もあって、70歳以下の障害者も含まれることがある。70歳以上という規定の仕方は、すでに指摘したように、施設整備計画の全国基準による。近年の動向として、英語を母語としない人々（NESB：Non-English Speaking Background）、先住民であるアボリジニやトレス諸島民、認知症（痴呆）のある人々、経済的にハンディキャップのある人々といった特別なニーズをもつ人々やその家族介護者のニーズが重視されるようになっている。アセスメントを受けるACATは、居住地区によって決められている。

次に関連機関からの紹介の流れであるが、ひし形で囲まれたACATの左側に急性期ケアと、リハビリテーション・準急性期ケア（sub-acute care）が丸で囲まれてあるが、２つの楕円はアセスメント対象者が比較的短期間利用する医療保健サービス領域を示している。矢印の方向からわかるように、急性期ケアからACATに紹介がくることはない。急性期からは在宅退院となるか、リハビリ・準急性期ケアへの移行となる。そして、リハビリ・準急性期ケアとACATの間には両方向の矢印が示すように、アセスメント依頼がACATに来る流れと、状態が安定していない場合のようにアセスメントまでに当該施設でのケアを依頼される流れがある。

右側には具体的なアセスメント依頼の紹介者が４種類挙げられている。まず、在宅の介護者が直接アセスメントを依頼する場合である。次いで、一般開業医、つまり、かかりつけの医師にすすめられる場合、そして、精神科サービスからの場合である。精神科サービスとACATの間には矢印が両方向に向っているがその意味は、ACATにアセスメント依頼があっても、たとえば認知症や精神症状に関しては精神老年医学的アセスメント・チーム（psych-geriatric assessment team）のように特定専門機関の方が適切に対応できるから、ACATから専門的アセスメントを依頼するケースを示している。また、精神老年医学的チームからすれば、施設入居、レスパイトなどのサービス利用につなぐためにはACATのアセスメントが必要となる。最後は、サービス提供事業者で実際にサービスを提供する中でアセスメントの必要性を生じた際などである。

なお、図の精神科サービスとサービス提供事業者の間に、ACATから対象人口に向かう上向きの矢印があるが、これはごくまれではあるがアセスメントの結果とくにサービス利用の必要性がないという判定のあることを示している。

図の下欄「アセスメント判定」をみるとわかるように、ACATの判定はほとんどの主要サービスに対して行なわれる。判定結果は9通りに分かれるが、その拘束力は異なるので、記号で違いを示している。木はACATが必要性の判定について決定権をもつもの、 十はそれに加え受け入れ事業者の決定まで関与するもの、ф は決定権はないが推奨するものの3タイプに分かれる。

図の左側から説明すると、最初の2つがアセスメント・チーム制の設置当初からの本来業務である施設入居の必要性についてのアセスメントである。高ケア・レベル（旧ナーシングホーム）施設への入居が適切な場合と低ケア・レベル（旧ホステル）施設への入居が適切な場合についてである。1997年の高齢者ケア構造改革により施設が一元化されて以降はホステル入居者のニーズが重度化した場合には、同じ施設で居住継続できるが、低ケアから高ケア・レベルへの移行の認定にはその時点でACATのアセスメントが必要となる。

1997年改革以降、ケアニーズに基づく8段階からなる入居者分類尺度（RCS：Resident Classification Scale）が統一的に用いられるようになっているが、ACATが行うのはレベル1～レベル4までの高ケア（high care）レベルか、レベル5～レベル8までの低ケア（low care）レベルかの二者択一判定であって、8段階の区分判定は行なわない。なお、段階区分の判断は受け入れる施設側が行い、それに基づく補助金申請を連邦政府に対して行う。

次が、施設利用のレスパイト（介護者休息用一時ケア、日本ではショートステイと呼ばれる）である。レスパイトケアは一人当たり年間最大63日が利用可能であるが、レスパイトの必要性の判定も1997年改革からACATの役割となっている。なお、レスパイトには施設利用だけでなく、介護者が自宅に来てケアを提供するホームレスパイトもあるので、施設入居を希望していなくてもレスパイトサービスを受けるためにはACATのアセスメントを受ける必要がある。レスパイトに関しては、介護者支援プログラムとの関連で第6章で詳しく論ずる。

4番目は介護者手当の申請の条件となるアセスメントである。介護者手当については第6章で述べるが、高ケア（high care）レベルの高齢者を在宅で介護している同居者に申請資格があるのだが、そのためには要介護者のニーズが所定のレベルであることをACATが判定しなくてはならない。

続く3タイプは、低ケア・レベルの施設入居代替策である包括的在宅サービスプログラムであるCACP（Community Aged Care Packages）と、高ケア・レベルの同様のプログラムであるEACH

（Extended Aged Care at Home）、それに過疎遠隔地の高齢者や先住民高齢者などを対象に個別対応ができる柔軟ケア・プログラムである。ACATはこれらのサービスの必要性を判定するだけでなく、実際に利用者を引き受ける事業者（通常はケアマネジメントを専門とする事業者）の決定まで責任をもつ。

最後の2つのタイプは、ACATに決定権はないがACATの判断により在宅サービス制度であるHACC（Home and Community Care）のサービスをすすめる場合である。HACCの実施は州政府の責任である。COP（Community Options：コミュニティ・オプションズ）はHACC内にあり、在宅サービスの利用者のうち複合的ニーズのある要介護者を対象とする包括的プログラムである。もうひとつは通常のHACCのサービスである。ACATとHACCは制度的に別系列になるので、この二つは勧告以上の拘束力はない。

図で「対象人口」と「HACC個別サービス」の間に「HACC事業者によるアセスメント」をはさんで両方向の矢印が向かっているが、これは、在宅サービスはACATを介さずに提供されていることを示している。したがって、ACATがCOPやHACCの個別サービスを勧告しても、アセスメントを受けた人はHACC事業者、ビクトリア州の場合には大部分は地方自治体、に新たに申請が必要となる。そして、事業者の方は独自にアセスメントを行なうことになる。

図には示していないが、こうした各種判定作業だけでなく、情報提供と助言機能がACATの役割として重要性を増してきている。さまざまなサービスがACATを経由する形が確立されてきている。

アセスメントの割合と判定結果

表３－１はちょっと複雑であるが、1994年、1997年、2000年につき、１月～６月期を対象に年齢区分別に、性別と合計とでアセスメント結果を比率（％）と合計数で表したものである。なお、この引用データは半年間の比較であるため、一年間ではだいたい倍でみる必要がある。表の見方であるが例えば、1994年前半期の男性のところで説明すると、65歳以上の男性合計911,353人でアセスメントが22,916件、その比率が2.5％であること、また、65-74歳の年齢層ではアセスメント総数5,992件のうち、高ケア・レベル施設が適当と判定された比率が20％、低ケア・レベル施設が適当と判定された比率が14％、CACPとCOPが２％だったという意味になる。

まず合計欄をみると、アセスメントを受けた総数は'94年前半期の65,418件から2000年前半期の85,444件に増加しており、約1.3倍になっている。この間の65歳以上の人口は約1.12倍である。アセスメントを受けた人数の割合は65歳以上の全体では'94年前半期の3.1％から'97年前半期の3.3％を経て、2000年前半期の3.6％に上昇しており、さらに年齢区分別に見ると、65－74歳層と75－84歳層はこの間ほぼ一定で、前者は1.1％、後者は4.7～4.8％であるのに対して、85歳以上層はそれぞれ、'94年の11.3％から'97年の11.9％を経て2000年には12.5％へと増加傾向にあることが分かる。

次に性別と判定結果をみると、男性ではアセスメント件数はこの間に約1.3倍になっているものの、高ケア・レベル（旧ナーシングホーム）も低ケア・レベル（旧ホステル）も共に、それぞれの

表３－１　ＡＣＡＴによるアセスメント率(%)と判定結果（年齢･性別）1月ー6月期、1994, 1997、2000

性別/判定結果	1994				1997				2000			
	65-74	75-84	85+	合計	65-74	75-84	85+	合計	65-74	75-84	85+	合計
男性												
施設ケア:												
・高レベル/ナーシングホーム	20	24	29	24	20	23	28	24	21	23	28	24
・低レベル/ホステル	14	18	21	18	15	18	21	18	15	17	20	18
CACP/COP	2	2	2	2	4	4	5	4	9	9	11	10
アセスメント総数	**5,992**	**10,851**	**6,073**	**22,916**	**6,604**	**12,430**	**7,352**	**26,386**	**6,471**	**14,076**	**9,193**	**29,740**
全男性数	596,251	261,821	53,281	911,353	617,619	298,356	63,988	979,963	623,952	336,140	78,391	1,038,483
被アセスメント率(%)	1	4.1	11.4	2.5	1.1	4.2	11.5	2.7	1	4.2	11.7	2.9
女性												
施設ケア:												
・高レベル/ナーシングホーム	16	19	28	22	16	18	27	21	16	21	28	23
・低レベル/ホステル	16	23	25	23	16	23	25	23	16	22	25	22
CACP/COP	2	2	2	2	5	5	4	5	12	11	10	11
アセスメント総数	**7,950**	**20,088**	**15,162**	**43,200**	**7,785**	**22,173**	**18,021**	**47,979**	**8,148**	**24,958**	**22,311**	**55,417**
全女性数	671,773	394,968	127,506	1,194,247	680,038	434,694	149,112	1,263,844	675,349	472,565	173,837	1,321,751
被アセスメント率(%)	1.2	5.1	11.9	3.6	1.1	5.1	12.1	3.8	1.2	5.3	12.8	4.2
総数												
施設ケア:												
・高レベル/ナーシングホーム	17	21	29	23	18	20	27	22	18	21	28	23
・低レベル/ホステル	15	21	25	21	15	21	24	21	15	20	24	21
CACP/COP	2	2	2	2	5	5	5	5	10	10	10	10
アセスメント総数	**13,957**	**30,969**	**20,492**	**65,418**	**14,405**	**34,629**	**25,429**	**74,463**	**14,663**	**39,166**	**31,615**	85,444
65歳以上の男女総数	1,268,024	656,789	180,787	2,105,600	1,297,657	733,050	213,100	2,243,807	1,299,301	808,705	252,228	2,360,234
被アセスメント率(%)	1.1	4.7	11.3	3.1	1.1	4.7	11.9	3.3	1.1	4.8	12.5	3.6

＊ACATは、Aged Care Assessment Teamの略

＊CACPは、Community Aged Care Packages、COPはCommunity Optionsの略

＊出典：AIHW, 2001, p. 216

年齢区分における割合は、むろん実数では増加しているが、比率ではこの6年間でほとんど一定している。したがって、注目されるのは包括的在宅ケア・プログラムであるCACPとCOPで、各年齢層とも漸増していることである。とくに'97年改革でこの種のサービスが拡充されるようになって、その成果が2000年前半期の実績に反映されている。

女性ではアセスメント総数は1.28倍と男性の場合と似通っている。年齢区分ごとの判定結果も男性と同様の傾向を示している。高ケア・レベルと低ケア・レベルは非常に安定しているのに対して、包括的在宅ケア・プログラムは増加傾向にあり、その度合いは男性よりも顕著である。

2000年前半期だけでみると、ACATによるアセスメントは全国で85,444件実施され、65歳以上の人口では1000人当たり36件（年間概算72件）に相当する。このうち、高ケア・レベルが23%、低ケア・レベルが21%で、アセスメントを受けた中で合計44%が施設での長期ケアが必要と判定されている。

一方、CACPに関しては、1994年前半期と2000年前半期を比較すると、アセスメント件数全体の2%から10%へと急激に増えている。

表3－1は1997年の改革をはさんだACATの判定結果の動向を示しているが、1998年度、1999年度、2000年度、2001年度と改革後の年度別動向をみておこう（AIHW、2003、p.296）。アセスメント総数は'98年度の170,979件から2001年度の190,129件へと約1.1倍であり、65歳以上総人口1000人当たりのアセスメント件数は66.9件から71.3件である。この4年間における変化は一方向なので'98年度と2001年度で比較すると、低ケア・レ

ベルの比率は21％で変動していないが高ケア・レベルの判定は24.4％から22.7％へと減少している。対照的に、CACPやCOPなどの包括的在宅ケア・プログラムは8.9％から17.8％へと2倍に増えている。アセスメント件数が増加している中で、ACATの判定において高ケア・レベルの施設ケアが絞り込まれ、包括的在宅ケア・プログラムが急増していることを示している。おそらく低ケア・レベルの中での重度化が進行していると考えられるが、近い将来高ケア・レベル判定が増加してくるときまでにCACPをより強化したEACH（Extended Aged Care at Home：重介護高齢者対応在宅ケアプログラム）を拡充、整備していくのが連邦政府の意図しているところである。

Peter James Centre の ACAT

筆者が調査したホワイトホース市は東部メルボルン地区（図3－1）にあり、メルボルン一帯では高齢化率のもっとも高い自治体であった。この市を担当しているACATはPeter James Centreに置かれており、もうひとつのACATと一緒に、同市のほかMonash市やKnox Hill市など4市の高齢住民を対象としている。Peter James CentreにはACATだけがあるわけではない。理学療法と作業療法を中心とした集中リハビリ病棟、ディ・リハビリ、ディケア、それに老年精神医療などの部門をもつ病院（全体で187床）で、そこにACATが配置されているという関係になる。ACATのメンバーは全員このセンターの職員であるが、アセスメントは連邦政府との契約であるから、組織上も機能的にもACATはセンターとは独立して活動している。図3－2に戻るとわかりやすいが、この ACAT はリハビリ・準急性期病院に併設されているから必要に応じて相互の連携が取りやすいだけでなく、老年精神医療部門もあるのでそちらとも密接な連携が取れる。実際、ここの ACAT は認知症度測定尺度を含め精神状態についてのアセスメント書式を２種類用意している。つまり、対象者の状態に応じて総合的、かつ、的確にアセスメントが行なえる体制にある。チームが単体で動いているのではなく、こうした形態は程度の差はあるものの他の ACAT にも共通している。

Peter James Centre はモデル施設として ACAT の前身である GAT《ガット》（Geriatric Assessment Team：老年医学アセスメント・チーム）が創設された 1984 年にその指定を受けており、また、1988 年には老年精神医学アセスメントの専門施設に指定された。’80 年代後半にはアセスメント用の病棟を建設している。その後、アセスメント方式の開発段階でモデル事業にも参加しており、ACAT の中にあっても主導的な実績をもつところであった。

ところで、ACAT はアセスメントとそれに基づくいくつかの判定を行うのであって、通常は実際のサービス利用までつなぐわけではない。あくまで独立した判定機関なのである。制度としてはそれでよいとしても、利用者にはサービスにたどり着くまでまだ先があることになる。オーストラリアでは利用者がサービスを直接決めるという原則的な考え方が根底にあるからだが、現実問題として重要になるのがそのための情報である。つまり、十分な情報とそれを理解できるための助言がなければ、利用者がサービスを選択するのはむずかしい。その役割が ACAT に求められているのであるが、他方 ACAT はその性質上特定の事業者をすすめることはできないので、情報提供は事業者側からみて公平な形で行わなくてはならない。

Peter James Centre の ACAT のオフィスに最初に入ったときの印象は、強烈であった。行政が作成しているサービス利用の解説用のものも含め、並べられているパンフレット類が実に多種多様で棚一面を占めていた。例えば、HACC、入居施設であるナーシングホームとホステル、ディサービスセンター、訪問リハビリ、ホームヘルプ、保健サービス、レスパイト、ホスピス、悲哀カウンセリング、視力低下問題、緊急通報装置、成年後見制など、多様なジャンルにわたり各事業者のパンフレットを用意しているので、利用者が必要に応じて抜き取っていけるようになっている。

パンフレット類によるこうした広範囲にわたる情報提供に加え、ACAT にはアセスメント後に当該高齢者やその家族から相談

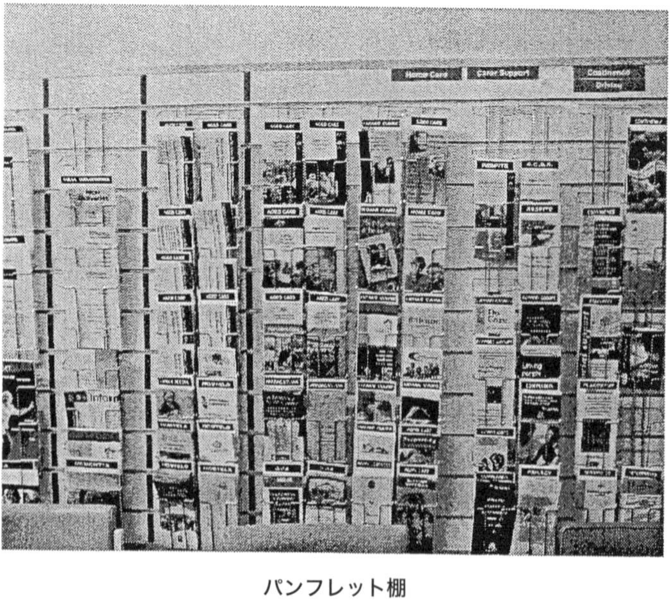

パンフレット棚

が寄せられることもある。先述したように、アセスメントの結果を受け実際にサービス提供先あるいは入居先施設を探すのは当事者やその家族になるのだが、施設側は種々の理由で入居を拒む場合もあるので、そうしたときにACATに相談が持ち込まれる。しかし、ACATが直接調整に関与することはできないので、市町村の担当部署に連絡している。

アセスメントの流れ

アセスメントの判定結果は途中に大きな状態の変化がなければ12ヶ月間有効である。ただし、新方式で低ケア（旧ホステル）レベルから高ケア（旧ナーシングホーム）レベルへの変更を希望する場合には、その時点でアセスメントを受ける必要がある。アセスメントの費用は連邦政府が負担するので、無料で受けられる。

アセスメントを希望する高齢者は、かかりつけ開業医（GP：General Practionar）、病院あるいは地域保健センターを通じてACATに申し込むことができるが、実際にはこうした医療機関からアセスメントを受ける必要があると指示される場合がほとんどである。流れとしては、まず電話でのインテークから始まるが、この段階が重要だという。Peter James CentreのACATはここに経験豊富なメンバーをおき、問題状況について詳しく把握するようにしている。その後、チームメンバーのひとりが訪問して所定のフォーマットを用いてアセスメントを行うのだが、メンバーのうち誰が行くのがもっとも適切であるかを判断する際に、最初の情報収集が大事になる。そして、その結果を持ち帰ってチームのケア会議にはかり、ACATとしての判定と助言するケアの方向性について決め、申請者とその家族に伝える。

だいたい毎日2名が事務所当番となり、外部とのさまざまな連絡、紹介などにあたる。

介護者支援のためのレスパイトの判定もACATの責任となっているので、介護者がいる場合にはできるだけ詳しく事情を把握して判断している。介護者がいればその役割を抜きにはアセスメントもできないというほど、重視されている。

包括的在宅ケア・プログラム（CACP、COP勧告）利用の場合

ACATは施設入居相当と判定された申請者のうち、複合的ニーズがある場合には施設に代わり包括的在宅ケア・プログラムであるCACPが適していると判定することができる。むろん当事者の希望は重視されるが、希望者は非常に多い。これらのプログラムはケアマネジメントだけを担当する民間非営利の団体や市町村が人数枠として連邦政府か州政府から受注しているので、ACATからみると自分たちの担当地区内に何ヶ所かそうした団体や自治体が存在することになる。そのため、ACATは申請者の特性を踏まえたうえで適当と思われる受注先に照会する。その際に、ACATとしてのケアプランをあわせて伝える。ただ、これは詳細なプランというよりもケアの基本方針にあたるものであるため、実行プランは引き受け先の機関が受け持つ。そこに空きがある場合には引き受けてもらえるが、現在人気が高く提供できる人数枠が全体でも十分ではないため、問題は待機となる場合も少なくないことである。待機となったときは、市町村に直接申請して受けられる在宅サービス制度、すなわちHACCのサービス利用を進

めることになる。

ACASのセミナー

筆者が1998年に滞在したラトローブ大学のリンカーン老年学研究所はACASが始まったときから継続して半年毎に定期的な実態調査を行ってきているが、活動の一環としてビクトリア州のACATメンバーを対象に同大学でセミナーを開き、調査結果の報告会兼研修会を行っている。1998年は真冬の8月4日に開催された。この日は州内から40名ほどの参加であったが、ほとんどが女性で男性は4、5人だけだった。この集まりには連邦政府や州の担当者も数名参加していた。午前中は研究所の調査結果の報告が続き、午後になって3つのグループに分かれてのディスカッションがもたれた。テーマは研究所側が用意し、各グループに研究所スタッフが司会役と記録役で2名が加わる。

筆者はそのひとつに参加させてもらったが、このグループでは司会者を途中で交代し後半はバララット市の老年科女性医師が担当した。参加者は皆よく発言し活発な議論が展開した。結論を出すための議論ではなく現状とその問題点を共有することが目的であったが、こうした機会を日本の介護保険で訪問調査や認定審査会に関わっている人たちと合同でもてれば双方にとって良い研修になるという印象を強くした。

ちょうど1997年の高齢者ケア構造改革の影響が表れ始めている時期でもあったためか、このときのテーマはACATとHACCの関係、レスパイトの現状、アセスメントとケアプランの関係の3点であった。第一点目については、ACATとHACCのそれそれが独自にアセスメントをしているため二重になることが珍しくないこと、守秘義務があるため両者の間での情報交換が上手くできていないこと、ACAT と HACC とで別々となっているインテークを一本化できないのかといった疑問が出され、その後話は ACAT と HACC の統合の必要性をめぐって進んだ。試験的に合同でアセスメントを行っている事例も司会の研究所スタッフから紹介された。是非論というよりも、どちらをどちらに統合するかについての意見が多かった。HACC は州内を 9 エリアに分け、その中で地方自治体を中心としたサービス提供となるが、ACAT の管轄範囲は自治体よりも広域であること、HACC は在宅生活全般を対象とするので身体的、精神的ニーズだけを扱う ACAT よりも包括的にアセスメントをしているが、反面アセスメント後のフォローについては HACC よりも ACAT の方がちゃんと行っていること等の発言があった。また、構造改革の影響として、病院から状態が不安定のまま退院となる高齢者が増えてきて、その変動が大きいため再アセスメントが必要なケースが増えているという指摘もあった。

レスパイトに関しては、計画的レスパイトと緊急時レスパイトの問題、介護レベルの高低とレスパイト先の施設機能とのマッチングの問題が述べられた。一方、アセスメントとケアプランの関係をめぐっては、アセスメントからサービス提供までに要する時間に担当地区によって大きな開きがあるという意見、実際にどのようにサービスが提供されたのかが分からないからアセスメントに見落としなどがあっても気づけないなどの発言もあった。

アセスメントに従事している人たちの話し合いは経験にもとづく指摘が多く、聞いていてリアリティのあるものであった。

参考文献

Austrarian Institute of Health and Welfare,2003,Australia's Welfare 2003

Charlton,Frank,1997,A New Framework for Evaluating the Aged Care Assessment Program,In: Aged Care System Study,21st Progress Report vol. 2,Linclon Genrotolgy Centre,La Trobe University

第4章　地域在宅サービス制度

——HACC

オーストラリアの在宅サービス制度はHACC（Home and Community Care）と呼ばれ、1985年の高齢者ケア改革戦略によって創設された。この年の改革は、ナーシングホームに著しく偏っていたそれまでの高齢者ケアのあり方を在宅ケアの方向に転換するのを主眼としたものであった。むろん'85年以前に在宅サービス制度がまったくなかったわけではなかったが内容や補助方式などがまちまちであったので、それらを統合し全国的制度として発足したのがHACCであった。以来20年を経過し、現在では在宅サービスの中心としてなくてはならない存在となっている。しかしその一方で、州によって実施方法がさまざまで統一性がとれないといった課題も指摘されるようになっており、アセスメント方式の統一化や事業者評価の尺度化、さらには補助金配分方式の見直しなど、かなり重要な取り組みが近年連邦政府や州政府のレベルで着手されている。

HACCは在宅の虚弱高齢者、在宅の若年障害者、およびこうした人々の介護者に対してサービスを提供する制度である。利用者の費用負担はあるが、負担能力によってサービスの受給に制限はない。この点はHACCだけのことではなく、オーストラリアの他の制度と同じである。HACC全体の財源は連邦政府が60%、州が40％を負担しているが、責任主体は州政府であり補助金の配分方式を含め州によって独自の方式が取られている。HACCのサービス事業者は州によって特徴があり、全国的傾向としては地方自治体（市町村）やコミュニティ団体と呼ばれる地域の民間非営利団体が大半を占める。筆者が調査を行ったビクトリア州の場合には、地方自治体の多くが事業者となっているのが特徴である。

日本と大きく異なる点なので指摘しておくと、HACCは州が責任主体である公的制度であるが日本のように地方自治体（市町村）を経由して非営利地域団体などの事業者につながるのではなく、地方自治体と地域団体は州政府に対して同じ事業者という位置関係にある。したがって、地方自治体といえども州政府に対して同じ方式－競争入札－で事業申請しなくてはならないのであり、逆にいえば州政府の力が圧倒的に強い仕組みである。

さて、1985年改革のもうひとつの柱は独立したアセスメント機関GAT（Geriatric Assessment Teamの略で今日のACATの前身）の創設であった。すでに説明したように、利用者ニーズの的確な把握とナーシングホーム入居の適正化を目的に、施設入居の可能性のある高齢者はすべてこのアセスメントを受けることが義務付けられたのである。言わば施設利用の門番（gatekeeper）としての統一的アセスメントと、在宅サービスのHACCとを両軸として、オーストラリアは新しい体制の構築に向けて動き出したわけであるが、それ以後、両者は相互に複雑な関係を取りながら現在に至っている。そして、その関係をみていくとオーストラリアにおける高齢者ケアの変化の軌跡がよく理解できる。

なお、ACATによるアセスメントを経由するサービスは高齢者が対象であるが、HACCは在宅で生活している若年の重度障害者も対象に含まれる。65歳以下のHACC利用者は1990年代の実績でみると、全体のだいたい20%で推移している。

HACCのサービス内容

HACCのサービス内容は非常に多岐にわたり、柔軟に提供されている。それが利点であると同時に、今日では問題視されている。在宅生活が継続できるよう必要に応じて個別的にサービスを提供するというHACCの狙いはマクロ的にみれば成功していると判断できるのだが、実態がどうなっているのかは多様性と柔軟性のため詳細にわたる把握は困難な状況にある。そこから、コストと質（quality)、あるいは総合的にみたときの説明責任をめぐるさまざまな課題が提起されているのである。

ビクトリア州の資料をもとにHACCのサービスを大きく整理

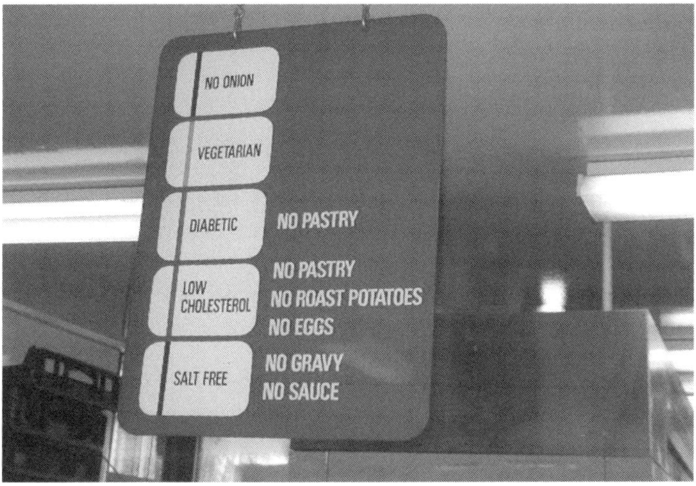

配食センター厨房：葱抜きから無塩まで

してみると、次の7タイプに分類される。まず、①家事・介護サービスがあげられる。掃除、炊事、洗濯、銀行利用、手すりの取り付け程度の改造を含めた住宅環境整備、レスパイト（介護者一時休息用サービス）、そして入浴や着脱衣といったADLへの援助である。②訪問看護[1]で、ナーシングケアに加え導尿カテーテル交換、人工肛門ケア、注射などの行為を行う。また、失禁のある場合にはナースの助言を受けられる。③足病治療、理学療法、作業療法、言語療法、栄養指導などのリハビリ・健康関連サービス、④温かい食事や冷蔵・冷凍食の自宅配達、および地域のコミュニティセンターやホステルの食堂を利用した食事の提供などの食事サービス。⑤簡単な運動、園芸や工芸などの趣味、ゲームなどのレクレーションをするデイサービス。⑥電話による相談や安全・安否確認、社会的活動への参加や医療機関などのアポイントメントを守るための送迎など社会的サポート。⑦障害児や若年障害者の家族に対してホストファミリーが週末などに介護を引き受ける介護交代サービス、である。

この他に別枠として、包括的在宅ケアパッケージであるCOP（Community Options－ビクトリア州での名称はLinkage）がある。HACC利用者のうち、とくに複合的ニーズの人を対象とするブローカレッジ方式のサービスである。

こうして一覧するとHACCのサービスはかなり充実しているようにみえるが、これらは提供可能なサービスのカテゴリーということである。

なお、HACCの特徴として一ヶ月に最低でも5時間分のサービスと2時間分の訪問看護サービスが保証されている。この部分は、コアサービス時間（core service hours）と呼ばれている。これなども HACC の柔軟性をよくあらわしているのであるが、コアサービス時間は本来ケアニーズの軽い利用者を想定して導入された経緯がある。しかし現在では待機者対策の色合いが強くなり、この点も問題視されている。例えば、第5章で述べるように施設入居代替策である CACP にはコアサービス時間に当たるものはないから、事業者はとりあえずの対応が必要な人がいれば「つなぎ」として HACC に切り替え、このコアサービス時間を利用できるようにする。ニーズが軽度の人に迅速にサービスを提供して予防的効果をはかるという本来の狙いとは異なるが、現場ではやむを得ないと受けとめられている。

サービスのタイプ別変化[2)]

HACC の主要なサービスは、全国的にみた場合 1990 年代にどのように変化してきただろうか。表4－1は 1993-94 年、1996 年、1999 - 2000 年の3時点で HACC サービスの総時間数と主要サービスタイプを一ヶ月当りについて示したものである。総時間では '93 - '94 年と '96 年では約 6.0％の増加、'96 年と '99 - 2000 年で約 8.9％の増加であり、93 - 94 年と 99 - 2000 年を比較するとおよそ 15.4％の増加となっている。

比率では 70 歳以上の人口 1000 人当たりと、65 歳以上の要介護者（ABS 基準要介護状態「日常的基本行為が著しく制約されている」）人口 1000 人当たりの2つのカテゴリーでサービスタイプ毎の時間数を比較することができる。70 歳以上でみると、総時間数は 960 時間から 920 時間へとこの間で減少している。サービスでは、訪問看護、ホームヘルプ（家事援助）、食事サービスなどが減少傾

表４－１　HACCのサービス別時間数・食数（１ヶ月当たり）

主なサービスタイプ	総時間数・総食数		
	1993-94	1996	99-2000
ホームヘルプ（家事援助）	596, 874	644, 537	634, 887
身体介護	152, 462	188, 810	251, 759
訪問看護	287, 838	258, 110	215, 968
パラメディカル	27, 421	34, 694	40, 617
在宅レスパイト	216, 1111	229, 589	322, 744
通所ディケア	586, 604	679, 012	905, 155
自宅環境整備	58, 603	64, 245	80, 005
自宅配食数	1, 040, 599	1, 120, 744	1, 147, 807
通所先食数	141, 117	172, 112	152, 292
合計時間数	1, 339, 309	1, 419, 985	1, 545, 979

70歳以上1000人当たりの比率

主なサービスタイプ	総時間数・総食数		
	1993-94	1996	99-2000
ホームヘルプ（家事援助）	428	429	378
身体介護	109	126	150
訪問看護	206	172	129
パラメディカル	20	23	24
在宅スレスパイト	155	153	192
通所ディケア	421	452	539
自宅環境整備	42	43	48
自宅配食数	746	746	683
通所先食数	101	115	91
合計時間数	960	946	920

65歳以上の重度要介護者1000人当たりの比率

主なサービスタイプ	総時間数・総食数		
	1993-94	1996	99-2000
ホームヘルプ（家事援助）	1, 423	1, 648	1, 244
身体介護	364	483	493
訪問看護	686	660	423
パラメディカル	65	89	80
在宅レスパイト	515	587	632
通所ディケア	1, 399	1, 736	1, 773
自宅環境整備	140	164	157
自宅配食数	2, 481	2, 866	2, 249
通所先食数	337	440	298
合計時間数	3, 193	3, 631	3, 029

＊移送、他の食事サービスなどこの表に含まれていないものもある。
＊訪問看護はＮＴ（北部準州）では提供されていない。
＊合計時間数には通所ディケア、自宅配食数、通所先食数、移送、その他のサービスは含まれていない。
＊出典：AIHW, 2001, p. 218

向にあり、逆に身体介護や在宅レスパイト、ディセンター（レスパイト：ディセンター利用はレスパイトと位置づけられている）利用が増加傾向にある。このうち、訪問看護と身体介護の増減関係は、1997年から分類基準が変更になりそれまでの看護サービスの一部が身体介護に含まれるようになったという事情が関係している。

一方、著しい障害のある65歳以上の人口でみると、総時間数は'93 - '94年から'96年で約14％増加しているが、'99 - 2000年では3,631時間から3,029時間へと急激に減少している。訪問看護と身体介護の関係はここでも同じ理由によるものであるから外して比較すると、ホームヘルプ（家事援助）と食事サービスの減少が注目される。在宅レスパイトやディセンター（レスパイト）利用は増加傾向にある。したがって、90年代中ごろにかけて拡充されたが、その後は停滞あるいは縮小していったことが分かる。減少部分を補う形になったのかどうかは確実に判断はできないが、90年代後半には包括的在宅ケアプログラムであるCACPが飛躍的に拡充されていったのは事実である。

これらは全国レベルで比較したものであるが、サービスのタイプ別割合は実際には州による違いが大きい。例えば、家事サービスではビクトリア州が一番多いが、キャンベラのある首都特別テリトリーはもっとも少ない。身体介護ではニューサウスウェールズ（NSW）州や西オーストラリア州などで多いが、クィーンズランド州は少ない。あるいは、在宅レスパイトケアでみれば、首都特別テリトリーやNSW州、サウスオーストラリア州で多いといった感じである。

ところで、こうした違いをどのように解釈するかは単純ではない。統計の基準が統一化されていないため、同じサービスであっても州（テリトリーを含め）によってホームヘルプ（家事サービス）

に分類される場合もあれば身体介護（パーソナルケア）とされる場合もあるからである。それに加えて、州によって重点的に提供しているサービスがあることも考えられる。ただ、ここで確認しておきたいのはHACCが州単位で運営されていること、そのため州の独自性が反映しやすい代わりに全国的な統一統計基準も確立されていないということである。

利用者カテゴリーの特性[3)]

ビクトリア州の地方自治体の多くはHACCの運用に当たりアクセス・プライオリティというガイドラインを使用している（Priority of Access Guideline）。これは健康状態、ADL能力、社会的生活状況に基づいて申請者を3つのカテゴリーに分類するものである。カテゴリー1（低プライオリティ）は4項目からなり、①住宅内の衛生状態など日常生活上のちょっとした事柄が、頻度はともかくとして困難である場合、②足の病気（podiatry）のような一般的健康問題を抱え時々はケアが必要になる場合、③社会的あるいは地理的に孤立している場合、④介護者のストレスが大きい場合、である。

カテゴリー2（中程度プライオリティ）は次の8項目が組み合わさったレベルである。①不安定な健康状態、②家族や家族以外からのサポートがほとんどない場合、③自分で服薬管理ができない場合、④衛生状態が維持できなかったり、買い物や調理ができなかったり、あるいは自身の身の回りのことなど日常生活上の事柄が困難な場合、⑤ある程度の見当識の混乱があり中程度に虚弱な場合、⑥社会的、地理的に孤立している場合、⑦移動に障害があり制限されている場合、⑧介護者のストレスが大きい場合、である。

プライオリティがもっとも高いのはカテゴリー３で、９項目の組合せである場合を指す。すなわち、①長期間にわたり健康状態が不安定な場合、②一人暮らしか介護者がいても介護者が病気やストレスで虚弱であったり障害をもっている場合、③日常的事柄について自分で決められない場合、④自分で服薬管理ができない場合、⑤一連の日常生活上の事柄が困難な場合、⑥社会的、地理的に孤立している場合、⑦在宅生活継続にはリスクが高い場合、⑧複合的ニーズがある場合、そして⑨介護者のストレスが高い場合、である。

このガイドラインは文字通りガイドラインであって、各カテゴリーに基づいてサービスレベルが決められるわけではない。また、カテゴリーごとの比率基準があるわけでもない。HACC 自体にこうした統一基準が設定されてこなかったため、実施主体である州によってあえて言えばかなり大雑把な形で行われてきたのであり、ビクトリア州がとくにそうだったわけでもない。しかし、先に触れたように現在では統一化、標準化の必要性が求められている。州レベルでもそうであるし、それ以上に連邦政府が HACC のアセスメント方式の全国統一化を要請している。

関連調査などを総合すると、おおむね次のように理解できそうである。上記の３つのカテゴリーは一ヶ月当たりのサービス時間に置き換えると、カテゴリー１が５時間未満、カテゴリー２が５時間以上 10 時間未満、カテゴリー３が 10 時間以上に対応する。この時間配分をもとにビクトリア州の地方自治体の調査結果をみると、カテゴリー１が 60 〜 80%、カテゴリー２がおよそ 30%、最重度のカテゴリー３が５〜 10%程度を占めており、３者のこの比率は地方自治体ごとにみてもだいたい一貫している。

ところで表４－２が示すように、HACC のカテゴリー３と、２

表４－２　HACC, COP (Linkages), CACPに対する高プライオリティの基準比較（ビクトリア州）

HACCカテゴリー３	COP	CACP
・複合的ニーズ	・複合的ニーズ	・複合的ニーズ
・長期間にわたる不安的な健康状態 ・広範囲にわたる日常生活上必要な行為の困難	・広範囲にわたる、相互に関係する身体的、精神的、社会的、情緒的ニーズ ・ニーズの急な変化が予想され、頻繁なモニターが必要	・継続的なモニターとニーズ変化の把握の必要性
・独居か、介護者が病弱、高ストレスであったり障害がある場合	・フォーマル(公的)サービスとインフォーマルなサポートネットワークとの密接な統合、連携が必要なニーズのある場合	・適切で信頼できるサポートがあれば、在宅での生活を希望する場合
・自己決定ができない ・服薬の自己管理やモニターができない	・在宅サービスの組み立てや調整において援助を必要とする	・サービス受給において熟練したアセスメントと総合的マネジメントを必要とする
・社会的、地理的に孤立している	・複合的ニーズに加え、民族的、先住民背景、地理的孤立などの理由により通常のサービスでは不十分である特別なニーズがある	・－－
・生活上、リスクが高い	・ケアマネジメントが必要な状況にある（例：在宅生活を継続するためにサポート、モニター、権利擁護が必要な場合など）	・－－
・介護者のストレスが高い	・介護負担のために介護者自身の生活の質が制約を受け、介護継続のために支援が必要である	・－－
・――	・複合的ニーズのために援助のタイプや期間などで柔軟な対応が必要で、かつ通常のＨＡＣＣサービスでは必要なサービスがえられにくい	・他の地域･在宅サービスでは必要となるサービスが提供されていない

つの包括的在宅サービスプログラム、すなわちHACC内におかれているコミュニティ・オプション（COP）、そして連邦政府による低ケア・レベルの施設入居代替プログラムであるCACPの利用者特性を比較すると、判定の基準内容、非自立度の程度、そして受けているサービスのレベルにおいてかなりの重複がみられる。つまり、利用者特性からみる限りではこれら3つの間には際立った違いはみられない。したがって、COPやCACPは希望者が多く待機となる場合が多いのであるが、これら包括的パッケージを受けられない高齢者がHACCのカテゴリー3にまわっていると考えられるのである。

さらに、カテゴリー1が60～80%ともっとも多くを占めているのだが、このレベルに想定されていたコアサービス時間が、より重度の人の待機状態緩和策として使われ、結果的に軽度の人がサービスを十分受けられないという問題が生じている。この点は先に指摘した。

利用者カテゴリーの方式はHACCの質的改善策の一環として今後ガイドラインから格上げされ制度化される可能性が高くなっている。

HACCのアセスメント

HACCのサービスを利用するには、まず提供機関に連絡しアセスメントを受けなくてはならない。ビクトリア州の場合には居住する地方自治体が窓口になることが多い。利用者本人や家族が直接申請するのであるが、一般には地域保健センター、ACAT、開業医、病院などからHACCのサービスを申請するようすすめられる。前章でも見たように、とくに関連性が高いのは言うまでもなくACATとの関係である。

施設入居の門番としてのACATと在宅ケアを提供するHACCとは当然のことながらオーストラリアの高齢者ケアの体制を形作る両軸なのだが、制度的には接続されていないので、現実には両者の間で情報がキャッチボールされるというか申請者が右往左往することになりかねない。施設関係は連邦政府、在宅ケアは州政府という分担体制がこの背景にある。さらに大きな背景として、住民へのサービスは伝統的に州政府が担ってきていたのであるが、同じ包括的在宅ケアパッケージであるにもかかわらず、CACPは施設入居代替プログラムとして連邦政府の所管に入り、他方コミュニティ・オプションズ（Community Options）はHACC内のサブシステムであるから州政府の所管である。しかも、これらの利用者のニーズレベルには大差はない。

こうした状況は利用者やその家族には決して利用しやすいとは言えないのだが、引き受け先が決まるとがぜん安定する。ケースマネジメントによりサービスを計画的に調達するのが一般的で、独自にサービス提供までしているところは例外的である。

日本の介護保険のように一つのアセスメントで施設と在宅の両方のサービスにつながる形とは違っていて、オーストラリアのやり方は制度的に未熟というか効率が悪いようにみえる。実際、この問題はオーストラリアでも長年大きな議論となっている。ACATでアセスメントをし、HACCにまわされると今度はHACCの方で独自にアセスメントをすることになるから確かに非効率な面があることは否めない。しかし、一概に非効率とは言えないと筆者は考えている。どういうことかと言うと、ACATが行うアセスメントは主に身体的、精神的状態についてであるが、HACCになると利用者の在宅生活全般についてのアセスメントとなるからである。両タイプのアセスメントが必要であることは言を待たないのであるが、その制度化となるとどの国でも非常にむずかしい。そのため、いずれか一方に力点をおいたアセスメント方式となりやすい。とくに制度化しやすいのは心身状態についてのアセスメントであることは言うまでもない。オーストラリアの基本的特徴は、ACATによる心身状態のアセスメントは施設入居の必要性を判定するためであり、在宅ケアに関しては制度を分けてHACCの担当としそこで日常生活のアセスメントを行っている点にある。

日本の介護保険はこの点が変則的である。あるいは、ひとつの制度にまとめようとすれば変則的対応にならざるを得ないと言うべきかもしれない。承知のように、介護保険は施設と在宅の両方を対象としているが、要介護認定は申請者の心身状態についてのアセスメントに基づいている。在宅での日常生活についてのアセスメントは制度的に組み込まれていない。この部分の調整は、ケアマネジャーの責任としているのである。つまり、介護保険では、サービス利用者の日常生活についてのアセスメントはケアマネジャーがケアプランを作成する際の前提作業程度の位置づけである。改めて指摘するまでもなく、施設よりも在宅の方が日常的生活状況は個別的であり多様にして複雑なわけで、そうした諸条件を考慮しつつケアプランを策定することをケアマネジャーの責任としているが、これには無理があると考えるべきである。なぜなら、一方ではケアマネジャーが責任を課せられながらも、実際にはその責任が負いきれない構造にあるから、結果として責任主体の実質的空白化が生じかねないし、そのしわ寄せは利用者やその家族に行くことになるからである。これは制度の問題であって、ケアマネジャーの責任と言い切ることはできないであろう。

オーストラリアはACATとHACCとの役割分担を前提にした二重のアセスメント方式をとってきた。その上で在宅ケアへの対応として、目標志向型ケアプラン、ブローカレッジ方式、そして中核機能としてのケアマネジメントの組み合わせという方式を確立している。個別対応原則とコスト面でのある程度の人数規模の相互扶助を組み合わせ、そこではケアの必要性の判断とコスト管理とをケアマネジャーが一元的に行っているのである。したがって、ケアマネジャーには一定の裁量が保証されているのであり、この部分がケアマネジメントの生命線なのである。

HACC－MDS開発へ

ところで、HACCの改革の動きは、これまで州ごとに独自に行われてきたサービスの質をめぐって始まっている。興味深いのはHACCに対して連邦政府が乗り出し始めた点である。これまで連邦政府はHACC総事業の60％の財源は負担してきたが、実際の運営は州の独自性に任せてきた。したがって、連邦政府が動き出したということは注目に値するのであり、具体的にはアセスメント方式の全国統一化と、次節で述べるように事業者評価法の開発に力点がおかれている。これらの作業は連邦政府の委託を受けて国立の研究機関であるオーストラリア国立保健福祉研究所（AIHW：Australian Institute of Health and Welfare）があたっている。

そこで研究が進められているのがHACC－MDS（Minimum

Data Set）計画である。HACCサービスの質、一貫性、利用者重視の方針をより明確化するためのデータベースの構築プロジェクトであり、HACCにおけるサービス提供や利用者特性に関するデータとCOP（コミュニティ・オプション）の実績データがその主たる内容である。ビクトリア州の場合、HACCの補助金を受けている事業者は3ヶ月ごとに利用者ごとの報告を所定のアンケート用紙で報告するよう義務付けられている。これは24の質問から構成されていて、居住形態や住宅状況、所得、介護者、紹介者・機関、サービスの種類ごとの時間数などがカバーされている。したがって、HACCのアセスメント方式の開発に一挙に取りかかるのではなくHACCのサービスや利用者の実態について詳細なデータベースを構築し、それを地方自治体などの関係機関に提供することで標準化への動きを起こそうとするものである。1997年2月から作業が始まり、2000年7月からはHACC－MDSのデータが利用可能となっている。

こうした方策が現実的に可能となってきた背景には、連邦政府が1985年以降、統一的アセスメントを全国展開してきて自信を深めてきたことと、ACATによるデータがかなり蓄積されてきたことがある。だから、アセスメントを含めサービス提供は州の責任としつつも、連邦政府は間接的な形で全体的な水準アップを意図しているとも言える。情報提供、とりわけデータベースの構築と公開という手法も、施策としては大変興味深い。

HACC事業者の質的水準測定法の開発へ[4)]

もうひとつのHACCの改善策はサービス水準の質的評価法の

開発である。正式名称はHACC全国サービス水準測定法（the HACC National Service Standards Instrument；以下、HACC － NSSIと略記）という。これはまずHACCとしてのサービス水準を設定し、それに照らして各サービス事業者を評価し、最終結果を得点化するものである。第三者評価ではなく、事業者自身が自らを評価する方法であり、厳密な測定法というよりはガイドラインという位置づけになっている。HACC事務局がまず素案を作成し、1996年からオーストラリア国立保健福祉研究所（AIHW）が開発を依頼され、1999年に一応の完成をみている。

HACC － NSSIは7つの目標領域、27サービス水準、29の設問から構成されている。7領域とは①サービスへのアクセス、②情報提供と相談、③効率的で効果的なマネジメント、④計画的であり、かつ調整がとれていて信頼できるサービス提供、⑤プライバシー、守秘義務、個人情報へのアクセス、⑥不服申し立てと紛争処理、そして⑦アドボカシーである。

それぞれの目標領域ごとにサービス水準とそれへの達成状態をチェックするための設問（領域によって異なるが最少で1問、最大で8問）があり、各設問について2レベルでの達成基準（「最低基準」と「さらに必要」）、そして回答の仕方についての説明がついている。設定されたサービス水準ごとに評価するのだが、達成度評価は3段階に分けられ、「達している、部分的に達している、達していない」のいずれかをチェックする。ちなみに、2つの達成基準のうち「最低基準」は「達していない」という評価レベルを避けるために最低限満たしていなければならない基準を意味し、一方、「さらに必要」は「達している」のレベルを得るために満たしていなければならないレベルを指す。事業者自身による評価法であるから、達成度の判断はその事業者が行う。

このサービス評価法のおもしろい点は、最終結果を0点から20点の幅で得点表示できることである。10.0点未満であれば「不十分（Poor）」、10.0～14.9点が「可（Basic）」、15.0～17.4点が「良（Good）」、そして17.5～20.0点が「優（High）」となる。この計算は、個々のサービス水準に対して、「達している」には2点、「部分的に達している」には1点、「達していない」には0点を与え、その合計を該当したサービス水準数（事業者によっては提供していないサービスもあるため）で割り、その結果に10を乗じたものが総合得点となる。

HACC － NSSIの第三目標領域の例示

全部を紹介するのは紙幅の都合でできないので、7つある目標領域のひとつについて説明しよう。第三目標領域（「効率的で効果的なマネジメント」）を例にとると、まず次にあげる6つの設問がある。

(1) あなたの事業所は、あなたの地域におけるニーズのレベルについてどのような情報を集めていますか。
(2) あなたの事業所がそうした情報をサービス計画に活用していることを、どのようにして示すことができますか。
(3) サービス評価の結果、サービスが変更されたり修正されたりしていることを、あなたの事業所はどのようにして示すことができますか。
(4) あなたの事業所はサービスマネジメントに利用者

(consumers) を関与させていることを、どのようにして示すことができますか。

(5) あなたの事業所が説明責任を果たせるマネジメントを行っていることを、どのようにして示すことができますか。

(6) あなたの事業所は、利用者へのサービス提供のためにスタッフが適切な技能と能力をもてるよう、どのように保証していますか。

このうち (1) ～ (3) の設問に関してみると、「最低基準」と「さらに必要」の判断基準が次のように示されている。

〈最低基準〉

＊事業所は活動する地域におけるニーズのアセスメントを行うべきである。これには当該地域における未充足ニーズの調査や今後必要となるニーズの予測が含まれるが、最低限必要なこととして、現在サービスを利用している人々、待機リストの人々、それにサービスから外れている人々の特性についての調査を含むべきである。

＊事業所はこの情報を定期的に見直し、この情報に照らして提供中のサービスの適切さを検討すべきである。ワークショップやスタッフ会議を開いてこの検討を行う際には、議事録を作成する。

＊事業所はサービス評価の結果、サービスを変更し修正すべきである。これは、スタッフ会議や事業計画会議における決定

のフォローアップとして行われる場合を含む。

＊事業所はサービス評価の結果、サービス変更を行った際には、その有効性を測定する検討システムをもつべきである。

〈さらに必要〉

＊事業者は、フォーラムを開いたり、アンケートあるいは他の方法により利用者のニーズについての情報を利用者自身から得ることによって、提供しているサービスがニーズに対応しており、また、適切に提供されていることを確認すべきである。

＊地域でのサービスニーズのアセスメントを行う際に、事業者は英語を母語としない人々（NESB：Non-English Speaking Background)、アボリジニやトレス諸島民、認知症の人々、経済的にハンディキャップのある人々といった特別なニーズをもつ人々のことを考慮すべきである。

ここで重要となるのは、第三目標領域（「効率的で効果的なマネジメント」）の例を続けると、各事業者はこの領域を構成する先にあげた６つの設問ごとに回答をまず所定の用紙に自由記載するという点である。選択肢をチェックするといった方法ではなく、回答を記述しなくてはならない。

次いで自分が記入した内容について６つの設問ひとつ、ひとつに「達している（２点)」「部分的に達している（１点)」「達していない（０点)」のいずれかの評価をする。

こうした形で全7目標領域のすべての設問について自己評価していく。

サービスの質についての評価が日本においても重要になってきているのは言うまでもないが、HACCは制度全体としていくつかのアプローチを試みている。HACC－MDSによる利用者情報のベータベース化とその公開もひとつであるし、HACC－NSSIもひとつの具体策である。それぞれに参考になる点が多い。

HACCの補助金配分方式の改革——ビクトリア州

HACCをめぐる改革の動きは、州政府の予算配分方式に関しても着手されている。これはビクトリア州が先駆的に検討を進めてきたものだが、住民の実態に応じたより厳密な方式への転換を目指すものである。第3章の図3－1でみたように、ビクトリア州政府は州内を9エリア（メルボルン一帯を4地域に、そしてそれ以外を5地域に分割）に分けており、HACCの予算配分はこの地域ごとに決定される。州全体ではHACC事業者数は約550である。ビクトリア州ではこれまでは各地域に居住する85歳以上の住民数に基づき一人当たり定額で地域ごとの予算配分額を決めていたが、これでは都市部以外の地域のニーズが的確に反映されず地域間格差が生ずるという問題があった。そこで、対象年齢を70歳以上とし、施設入居者を除くこの年齢層の住民のサンプル調査で実際の障害の程度を予測して、それをもとに地域ごとの予算の配分を決めようとするものである。

HACCには連邦政府が6割の費用を負担しているが、その運営はそれぞれの州政府に任されている。むろん、州政府は毎年度、事業計画と実施結果を連邦政府に提出することにはなっているが、HACCの運営責任は州にある。しかし、予算配分は統一した方式が確立されていたわけではなく、州によって言わばアドホック的に行われてきた。

ビクトリア州が検討中の新方式は「相対的資源公平配分方式（RREF：Relative Resource Equity Formula）」と呼ばれ、サービスニーズを次の5変数から算出するとされる。社会経済的地位（世帯所得の中央値を採用）、僻地度（アクセス・遠隔に関する公的指標を採用）、健康状態（障害によって失われた「健康でありえた」年数を採用）、文化的背景（自宅での使用言語）、そして先住民地位、である。これらの変数を盛り込み、一定の加算をすることで、地域の実態を反映しようとするものである。

参考文献

染谷俶子、1999、『オーストラリアの高齢者福祉：豊かな国の豊かな老後』、中央法規

第5章　包括的在宅ケアプログラム：COPとCACP、そしてEACHへ

ふたつの主要プログラム（COPとCACP）の概要

オーストラリアの高齢者サービスでとくに注目されるのが、施設入居が相当と判定された高齢者や在宅生活者のなかで、特に複合的ニーズ（complex needs）のある人を対象とした包括的在宅ケアプログラムの存在である。ケアマネジメントとブローカレッジ方式（一人当たりの定額補助だが、指定事業者が受注総額内で裁量執行できる）によって運用されるプログラムで、利用者の個別事情に柔軟に対応できる。在宅で包括的なサービスを受けられるので施設入居を回避したり、できるだけ入居を先に延ばせるだけでなく、より自分のニーズに適したサービスが受けられるから利用者やその家族には大変好評である。

現在、包括的在宅ケアプログラムにはCOP《コミュニティ・オプションズ》（Community Options：ビクトリア州ではLinkage Programと呼んでいる）とCACP《シーエイシーピー》（Community Aged Care Packages：地域高齢者ケアパッケージ）のふたつがある。ただ、両者の関係は制度的には別系列になっているため少々分かりにくいので、最初にこの点を明らかにしておこう。すでに述べてきたように、オーストラリアでは施設サー

ビスは連邦政府が責任をもち、在宅サービスは連邦政府の補助があるものの責任主体は州政府にある。高齢者ケアに関しては元来州の責任が大きかったのであるが、近年になるほど連邦政府の関与度合いが高まってきている。この章で取り上げる包括的在宅ケアプログラムは制度運営の責任が連邦政府と州政府に分かれており、サービス利用の仕組みや対象者に関して異なった部分がある。

時間的順序では、COP が先に登場しその後に CACP が創設された。在宅ケア制度である HACC《ハック》（Home and Community Care：地域・在宅ケア事業）は 1985 年の高齢者ケア改革戦略によって創設された画期的な制度であるが、この責任主体は州政府である。資金面では連邦政府 6 割、州政府 4 割負担で運営されている。COP は HACC 開始後間もない 1986 年に連邦政府が HACC の枠内で試験的に始めたもので、全国 175 ヶ所でモデル事業が実施された。そして、1992 年に HACC の正規の事業となった。ビクトリア州の場合、実施主体は市町村が中心になっている。HACC のサービスを利用したい住民は居住する地方自治体に申請することになる。COP の対象となるかどうかは地方自治体が独自のアセスメントを行い判断する。なお注意してもらいたいのは、HACC は高齢者のみを対象とするのではないという点である。したがって、その中のサブシステムである COP の利用者には高齢者だけでなく若年の在宅障害者が含まれる場合も実際にはあるのだが、高齢者以外を含めることには連邦政府は難色を示している。ちなみに、COP の利用者は、HACC 利用者のなかでニーズレベルの高い 20%であると言われている。

一方、CACP は先行していた COP の実施経験にもとづき 1992 年に連邦政府によって、施設ケアの枠内に創設された在宅ケアプログラムである。つまり、これは政策的には施設入居の代替策なのである。オーストラリアはナーシングホームが肥大化したためその抑制策として、ホステルも含め「70 歳以上の人口 1000 人に対して施設ベッド数 100」というベッド数基準が設定され、そのなかでの比率を調整する方式を導入している。例えば 100 ベッド基準で 1985 年でのナーシングホーム 66.5 ベッド、ホステルが 32.5 ベッドの割合を、1996 年にはナーシングホームが 49.5 ベッド、ホステルが 41.4 ベッド、そして約 3 ベッド分を CACP が占めている。さらに、連邦政府の計画では 2011 年までにこの比率をナーシングホームは 40 ベッド、ホステル 50 ベッド、そして CACP を 10 ベッド分、つまり全国規模で施設利用全体の一割を CACP で対応する予定である。連邦政府がこのプログラムにいかに力を入れているのかは、1993 年 3 月には全国で 527 人分であったものが 2001 年には 24,430 人分に、そして 2002 年には 26,425 人分へと急増していることからもうかがえる（1996 年から 2001 年の配分割合については、第 2 章の表 2 − 1 を参照）。

しかし、連邦政府は当初のこの予定を前倒しして CACP を 2006 年までに 100 ベッド割合にして 18 ベッド分にまで増強することを決定し、2002 年度予算からそのための措置をとった。

補助方式としては、最軽度の施設入居者一人当たりの額が CACP に適用されている。つまり、施設一元化後ではレベル 8 相当となる。ただ、この方式が現実と合わなくなってきているのも事実である。どういうことかというと、COP と CACP は当初対応するニーズレベルを分けていて、前者は介護ニーズが高くナーシングホーム入居が必要と考えられる高齢者を、また、後者はホステル相当の虚弱高齢者を対象とすると規定されていたのだが、

CACP の対象者のニーズレベルが当初の想定を越えて年毎に重度化してきているからである。このズレの解消がひとつの重要な課題となっている。この問題に対して現在、試行プログラムが継続中であり、それについては本章の最後で述べることにする。

CACP を利用するためには、ACAT《エイキャット》によるアセスメントを受け、ACAT によって CACP の適用が望ましいという判定がでなければならない。したがって、決定権は ACAT にあるのだが、当該の利用者を引き受けるかどうかはサービス事業者の判断となる。ACAT は判定に当たって当該高齢者の希望や介護者の有無などを含めた日常生活状況、それに社会文化的背景なども重視すること、言い換えると、本人の医療的ニーズの判定を旨とする ACAT であるが CACP に関してはそれに加えて日常生活面全般－ HACC 的と言ってもよかろう－についてのアセスメントを行うことになる。

CACP が望ましいという判定を受けると ACAT は当該高齢者を受け入れるサービス事業者を探す。事業者とはこのプログラムを受注している団体（民間非営利が大部分であるが、地方自治体も含まれる）のことである。引き受け先の決定までは ACAT の責任となる。この点が適否だけを判定する施設入居の場合と異なる。第 3 章で述べたように、ACAT は施設入居が相当かどうかの判断をするが、入居先施設の決定には関与しないからである。

ユニークなのは CACP を受注しているこの種の団体は通常ケアマネジメントだけを行い、自前のサービス部隊はもっていない場合が多いということである。なかにはサービス提供も独自に行っているところもあるが、それはホワイトホース市のように一部の地方自治体であり例外的である。そのうえ第 7 章で詳しく論じるが、そうした自治体内でも競争原理の導入と擬似市場化を特徴とする行政改革により部門分離の方向が取られていた。

これらの包括的在宅ケアプログラムはブローカレッジ方式による運営であるから、各団体は、CACP に関しては連邦政府から（COP の場合には州政府から）対象者一人当たり年間何ドルという基準で人数枠を“請け負い”、その総予算内で必要なサービスをさまざまなサービス提供事業者から購入して提供する。テイラーメイド（tailor-made）、すなわち、利用者ごとの個別仕立てのサービス提供と呼ばれる所以である。1998 − 99 年の時点で、一人当たり年額一万ドルであった。請け負い規模はそれに人数を乗じた額となる。

CACP（Community Aged Care Package：地域高齢者ケアパッケージ）

前節で簡単に紹介したようにこれは施設入居代替策として 1992 年から始まった包括的在宅ケアプログラムである。旧方式（1997 年以前）でいうと虚弱高齢者用施設であるホステル入居相当、また、ナーシング ホームとの施設一元化が導入された 1997 年以降では低ケア・レベルと判定された高齢者のうち、施設入居ではなく在宅で必要なサービスを提供する制度である。

・CACP の利用対象者

施設入居代替策であるとはいえ、また ACAT が判定できるとはいえ、低ケア・レベルの判定となった人なら誰でも希望すれば受け入れるというわけではない。CACP が制度的に想定している対象者は連邦政府によって示されている[1)]。5 点にまとめられ、

ACATは判定に際しこれらを考慮しなくてはならない。

第一に、複合的ニーズのある高齢者であること。この「複合的」の意味であるが、身体的、医療的ニーズの両方に加え社会的、心理的ニーズもあり、しかもこれらが相互に影響しあって日常生活上のニーズとなっている場合をいう。文化的背景の多様性もこの中に含まれる。第二に、サービス提供にあたり熟練したアセスメントと包括的なマネジメントの必要があること。第三に、既存の他の在宅サービス制度（HACC）では提供されていないサービスが必要であること。第四に、適切なサービスの提供があれば在宅での生活を継続しようという意思が本人にあること、そして最後に、変化していくケアニーズを継続してモニターしつつ見直しをしていく必要がある場合である。

一般にはこれらを総合して、CACPの利用者は複合的ニーズのある高齢者という捉え方が定着している。これら5条件の中では複合的ニーズがもっとも重要視されていて、「複合的ニーズ＝個別的対応の必要性」という理解になっている。施設環境はどうしても画一的対応がある程度は避けられないので、在宅で個別的対応が適している人にはこのプログラムが有効であるからである。

この5条件が一般基準であるが、これに加えて対象者特定の3種類のプライオリティが設定されている。ひとつは経済的に困窮している高齢者で、CACP事業者によっては請け負い人数枠のうち一定の比率（通常20%、該当高齢者の多い地区では40%）でこうした高齢者を受け入れなくてはならないという条件付きとなる。第二に、先住民であるアボリジニやトレス諸島民をプライオリティとする場合である。3番目は英語圏以外の民族・文化的背景をもつ高齢者をプライオリティとする場合となる。

・CACP のサービス内容

実際に提供されるサービス内容は家事・介護（personal assistance）とそれ以外の２カテゴリーに分けられている。各々について個別的に列挙されているのだが、例えば家事・介護では入浴（含むシャワー）、排泄、着脱衣、歩行、移動（トランスファー）、食事の準備と摂食、視聴覚コミュニケーションや関連補助具、洗濯、ホームヘルプ、庭の手入れ、短期間の病気の 11 項目である。つまり、これらの事がらに関して援助が必要であればサービスが提供される。

一方、もう一つのカテゴリーは 13 項目にまとめられているのだが、包括的というよりは雑多な印象を与える内容となっている。まずその全体をみてみよう。特別な食事；処方薬の管理や服薬援助（ただし、法的規制をクリアーした場合に限る）；リハビリ・サービスを受けたり、受けられるようにすること；目薬、背中マッサージ、着衣補助、尿テストなどの処置的行為（ただし、これらのサービス提供に関する法的規制をクリアーした場合に限る）；情緒的サポートと見守り；利用者の比較的近くに、必要に応じて呼び出しができたり緊急時対応が可能である人あるいは組織を、CACP 事業者承認により最低一人あるいは一ヶ所用意する；買い物、通院および社会生活上必要となる諸サービスのための送迎；一時的な在宅でのレスパイト；家屋、庭など生活環境を居住者の安全性が保持される状態に維持し、そのために必要な改造を行う；社会的孤立を防ぐために、さまざまな社会的活動の機会を調整し参加のための送迎サービスを理にかなった頻度で提供する；利用者が自身の関心、利害を表明できるよう支援するアドボカシーのサービスを提供する；利用者が個人的に重要な事がらを継続できるようサポートする；その他、利用者が在宅での生活を継続していく上で必要となるサービスを提供する、となっている。

連邦政府が公式に発表している内容を忠実に紹介したわけであるが、家事・介護カテゴリーは内容が具体的ではっきりしている。庭の手入れが項目としてここに入っているのはオーストラリアに特徴的なこととして興味深いが、まずはこのカテゴリーのサービスが重視され、それ以外に必要となるサービスについて第二カテゴリーでまとめている。ただ、その内容は非常に幅のあるもので特別な食事のように明瞭なものから社会的活動や社会的交流のように広い意味をもつものまでが含まれる。言い換えると、在宅での生活についての考え方がここに反映されているわけで、家事や介護サービスだけでないことを読み取る必要があろう。しかも、第二カテゴリーの最後の項目をみると、CACP が在宅生活の継続に向けた包括的サービスプログラムであることが改めて理解できる。ケアマネジメントがカギとなる理由も良く分かる。

では、そのために必要なサービスは何でも提供されるのかというと、実はそうではない。重要な限界が 2 つある。ひとつは、訪問看護サービスは含まれていないということ、そしてもうひとつは 24 時間サービスではないということである。これは CACP が虚弱高齢者を対象として想定されているためでもあるが、現実にはこうした限界があると在宅生活の継続は危ういものとなるのも事実である。この点については後述する。ちなみに、HACC 内のコミュニティ・オプションの場合には訪問看護は付いているが、24 時間サービスでないのは CACP と同じである。

さらに言えば、失禁がある場合、ベッドからのトランスファーに 2 人が必要である場合、そして認知症の場合、これらのひとつでも該当すればニーズが重過ぎると判定され基本的に CACP は受けられないことになっている。

・CACP の事業者特性

先に述べたようにこのプログラムは連邦政府によるものであり、一人当たり年間一万ドルを単位とする請け負いの形で事業者に補助金が支出されている。事業者は希望する人数分を申請し、実際の執行はブローカレッジ方式で行う。

ビクトリア州を例に少し詳しくみておこう。1998-99 年度における同州の CACP は総数 3,313 人分である。事業所数は 72 で、地方自治体からさまざまな地域団体まで多岐にわたるが営利事業者は一社のみである。請け負い枠は最低で 5 人分、最大で 143 人分、平均約 46 人分となっている。すべての事業者に共通しているのは担当地区（catchments area）が決められていて、利用者はその範囲の居住者でなくてはならない。ただ、この範囲はいろいろであり、複数の事業者によって重なる地域もある。

次に事業者によっては利用者プライオリティが決められている。というか正しくは、独自にプライオリティを立てて請け負い申請をする事業者が少なくないのであり、その大部分は地域団体である。

この傾向がもっとも顕著なのが民族・文化的背景をプライオリティとする事業者である。一番多いのはイタリア系事業者で 5 団体、合計 132 人分、次いでギリシャ系 4 団体で合計 80 人分、ポーランド系 2 団体、合計 44 人分、オランダ系 1 団体 60 人分、ユダヤ系 1 団体 32 人分、マルタ系 1 団体 25 人分、中国系 1 団体 20 人分、そして、これら以外の小規模民族集団の高齢者を対象とする1団体（母体組織が移民リソースセンターである）が総数70人分の枠を請け負っている。以上合計で463人分、州のCACP枠全体の14%を占めている。この割合はビクトリア州、なかでももっとも人口が集中しているメルボルン一帯の民族・文化集団の構成をおおむね反映していると言える。

先住民であるアボリジニとトレス諸島民をプライオリティとする団体は4団体あり合計で170人分の枠を持っている。

社会経済的要因もプライオリティとされ、民間賃貸住宅居住高齢者を対象とする団体が11あり合計で293人分（全体の約9%）である。経済的社会的に恵まれていない高齢者を対象とする団体もひとつあり25人分の枠をもっている。この他、視覚障害者をプライオリティとする1団体が40人分、1団体が認知症高齢者を対象に30人分となっている。

ここに挙げた以外の事業者はプライオリティを設定していない。地方自治体は、社会経済的要因をプライオリティとする部分を含むが、実質的にプライオリティを設定していない場合が一般的である。州全体でみると、約3割がプライオリティ付きの枠となっている。

各事業者は担当地区を指定されていると述べたが、実際にはどのようになっているのだろうか。72事業者の多様性からも推測できるように、担当地区にはオーバーラップがみられる。基本は地方自治体の行政範囲であるが、プライオリティ付きの場合、とくにアボリジニや英語圏以外の民族・文化背景の場合には対象者の居住地が分散しているので複数の行政範囲をひとつの事業者がカバーするといった具合に広域化している。そのため例えば、地方自治体以外の事業者が受け入れている利用者について、その人の居住する自治体はそのことを把握していないということがおきる。州が大きな行政権をもっているオーストラリアでは市町村にあたる地方自治体の位置づけや役割は日本と比較するとはるかに限定されているのであり、こうしたサービス提供に関しても他の事業者と地方自治体は同じ位置づけとなるからである。

少しわかりづらいかもしれないが、利用者からみるとこうなる。CACP の判定は ACAT が行い、しかも担当する事業者を決定するところまで ACAT が責任を負う。ACAT は CACP に関する各事業者の特性、プライオリティの種類と請負人数枠などの情報をもっているから利用者の希望を聞いた上でどの事業者に打診したらよいかを判断し、引き受けてくれる事業者が決まるまで順次連絡を取っていくという流れになる。

複合的ニーズの中心に民族・文化的背景がある場合など CACP のプログラムを利用できれば言語、生活習慣などを踏まえた上で個別的対応が行われるので利用者の人気が高いのもうなずけよう。通常どの事業者もケアマネジメントのみであり実際のサービスは外部から購入する。その際に当然のことながら、同じ民族・文化的背景からサービスを調達することになる。ギリシャ系であればギリシャ系コミュニティがいわば資源母体となるから、連邦政府のプログラムでありながらコミュニティ・プログラム的性格をもつようになる。

利用者にとってもメリットがあるし、施設入居代替策として CACP を導入した連邦政府の意図にも合致した展開になっているといえるのだが、実は民族・文化的背景をプライオリティに含めることについて連邦政府はアンビバレントになってきているようでもある。個別性の強いこうした部分を“主流サービス（mainstream service flow)”に吸収、統合しながら、CACP をできるだけ一般制度化しようという意図が現ハワード政権の立場となってきている。この点については第 8 章で論ずる。

・CACP の利用者特性と利用期間[2)]

2001 年 6 月末時点でみると、CACP 利用者の 36%が 85 歳以上であり、一方、65 歳以下が約 7 %を占めている。男性より女性が多く、全体の 57%は 75 歳以上の女性が利用者である。

居住形態では、利用者の 56%が単身者、27%が夫婦、そして、8%が子どもやその家族との同居である。全体の 73%は持ち家に住んでおり、公共の賃貸住宅居住者は 14%となっている。

次に、2000 － 2001 年の間に CACP のサービスを終了したケースをみると、46%が施設入居、21%が死亡である。終了までのこのサービスの利用期間では 1 年以上 2 年未満が 21.0%と最も多く、次いで 13 週間以上 26 週間未満の 16.3%、26 週間以上 39 週間未満の 12.9%となっている。1 年以上の利用者が全体の 41%、13 週間から 39 週間未満の利用者が 29.2%で、合わせて 7 割を占めていることになる。

CACP のサービス利用期間は、2001 － 02 年の実績でも同様の傾向にある。1 年以上 2 年未満が 20.4%、13 週以上 26 週未満が 17.4%、次いで 26 週間以上 39 週間未満が 11.9%の順である。1 年以上の利用が全体の 39.3%、13 週以上 39 週未満の合計が 29.3%である（AIHW,2003、p.304）。

・ホワイトホース市の例

次に、自治体の例としてホワイトホース市について CACP がどのように行われているか詳しくみておこう。同市はメルボルン一帯でもっとも高齢化率の高い、歴史的にも古い地域にある。CACP については 98-99 会計年度で 90 人分の枠を請け負っている。当初は 30 人分で始まり、段階的に増えて現水準となっている。ただ、すでにこの枠はいっぱいの状態で待機者が 90 名ほどいるため、市の持ち出しになるが実際には筆者が調査した 1998 年後半時点で 93 人を引き受けていた。ホワイトホース市を担当地区としている他の CACP 事業者（プライオリティのない一般事業者）は、詳しくは後述するが Inner East Community Option（以下、Inner East CO）というユナイティング・チャーチ派のキリスト教団体のみである。ちなみに、組織名から分かるようにこの団体はもう一つの包括的在宅プログラムである Community Options も受注している。この団体は、CACP だけでなく COP も請け負っている点に注目しておこう。

新規利用者については、同市を担当地区とする Peter James Centre の ACAT からホワイトホース市と Inner East CO の両方に連絡がくる。このいずれかで受け入れるようにしているが、どちらも待機者を抱える状況となっている。待機者の中には状況の変わるケースもあるので、おおむね 3 ヶ月に一度電話や手紙で待機状況の確認をしている。空きができたときの利用者の決め方であるが、待機の登録順でもニーズの重度順でもない。これは先に述べたことだが、請け負った総予算額の中で所定人数のケアを提供していく仕組みであるから、当該年度の執行状況との兼ね合いでコスト予想をして決めなくてはならないためである。コスト面で対応困難と思われるケースは施設入居を再検討するよう ACAT に依頼する。あるいは、市役所内の HACC の部門に照会し、可能であればHACC内の包括的在宅ケアプログラムであるCOPの適用が検討される。

ところで、利用者について最初にACATから連絡がくるときには一応ACATの判断によるケアプランがついてくる。しかし、これは心身状態を中心としたプランであるため、市のCACP担当部門で独自にアセスメントを実施し、実行案のケアプランを策定する。なぜなら、ADL関係だけでなく住宅の状態、居住環境など日常生活全般にわたってアセスメントをする必要があるからであり、その際手すりの取り付けなど簡単な住宅改造も決める。また、このアセスメントは利用者のためだけでなく、ケア提供者たちの安全確保という意味合いもある[3)]。特別な事情がない限り、このアセスメントはケアマネジャーが一人で訪問して行う。

次にケアプランを作成するのだが、そのときに重視しているのはケア内容について利用者本人と合意を得ることである。そのため必ず利用者の希望も聞く。つまり、自分の生活をどう変えたいのかを尋ねるのである。サービスを受けることによって何も変わらないのであればCACPを利用するメリットはないと考えるからである。例えば2週間に一度は金曜の午後にボーリングに行きたいのであれば、それを優先したケアプランを作るのであり、あるいは、介護者がいて時々休息が必要であればレスパイトを重視したプランにする。つまり、利用者と合意するのは目標の設定についてであり、この点はCACPだけでなくフィールドワーク中いろいろな場面で痛感した。

CACPの利用期間はまちまちで制度が始まった1992年からの人もいれば2週間程度で終了する人もいる。利用期間に制限はない。継続が困難となるのは、状態が悪化してCACPのサービスだけでは在宅生活が危険になる場合が大部分である。その場合、ナーシングホームへの入居となる。この他、当然死亡により終了となる場合もある。

最後に利用者の費用負担であるが、平均で週 20 ドル、これには市が手配する配食サービス（meals on wheels）も含まれる。応能負担のため所得審査があり、最高で週 100 ドル、最低で週 5 ドルである。

COP（Community Options：重介護者在宅生活ケアプログラム）

CACP と同様に COP も人数枠で予算化されている。1998 年 10 月現在のビクトリア州の規模は 2,595 人分である。このうち 114 人分は認知症などニーズの特殊性のある利用者用の特別枠である。事業者は全体で 23 団体である。地方自治体はこのうち 4 事業者、民間会社も同数の 4 事業者、そして残りが非営利事業者であるが中でも病院や保健サービスなど医療系の団体が多い。これら 23 団体のうち COP だけでなく CACP も請け負っている団体が 10 ある。

・COP の利用対象者

COP を利用するには、HACC サービス事業者、ACAT、老年精神医学的アセスメントチーム（PGAT）、一般開業医、あるいはこれら以外のサービス事業者を介して、このプログラムを請け負っているいずれかの事業者に申し込む。本人やその家族あるいは友人が直接申し込むこともできる。

COP 利用の該当条件として 7 項目が明示されている。COP は

HACC内の特別なサブシステムであるため、HACC利用者のうち通常のHACCサービスでは対応不十分なケースをターゲットとしている。その基準を示した7項目を順にみていこう[4)]。

(1) 複合的ケアニーズ、すなわち身体・医療的ニーズ、社会的ニーズ、情緒的ニーズが関連した状態にあり、地域ケアサービスの組織化や調整に援助が必要であること。
(2) ニーズが変動しやすいため、頻繁なモニターが必要であること。
(3) 複合的ニーズを満たすためにはサービスの種類や援助の時期や期間など柔軟に調整する必要があり、通常のHACCサービスでは対応できないこと。
(4) 公的（formal）サービスとインフォーマルなサポートネットワークとを密接につなぎ合わせたサービス体制が必要であること。
(5) 地域に継続して居住するために、例えば援助が必要なだけでなくアドボカシーやモニターも必要な場合のように、ケアマネジメントが求められる状況にあること。
(6) 上記5項目に該当する人を介護しているために自身の生活の質が著しく損なわれ、介護者役割を継続するためには支援が必要であること。
(7) 複合的ケアニーズだけでなく、民族文化的背景、アボリジニの背景、あるいは地理的孤立のために通常のサービスでは対応できない特別なニーズがあること。

さらに2項目が挙げられていてひとつは、COPの利用者は地域で生活を継続する強い願望と意思があること、もうひとつは、地域で自立した生活を維持するためにケアマネジメントと適切な範囲内でのブローカレッジが求められていることである。

マニュアルが強調しているのは、こうした基準に当てはまれば自動的に COP の対象となるのではないことである。通常の HACC サービスでニーズに対応できるのであれば COP を適用してはならないし、リスクが高ければ（at risk）無条件で適用されるのでもない。介護ニーズの高い人であっても通常の HACC サービスと介護者によって十分サポートされるケースもあると説明されている。

・COP 指定事業者によるケアマネジメント

COP を請け負っている事業者が行うのはケアマネジメントであるが、その中心的作業は実際のプロセスに応じて５つにまとめられる。すなわち、このプログラムを適用すべきかどうかのスクリーニング、アセスメント、ケアプランの策定とサービスの組合せ、モニターとサービスの調整、そしてケース終了手続きである。

スクリーニングは前記の基準によって行うことになる。

アセスメントは HACC の全国向け指針（HACC National Service Standard や National Assessment Framework）に基づいて各事業者が具体的実施方法を作成することになっている。とくに重視されるようになってきているのはアセスメントに際し、利用者とその介護者を対等のパートナーとして位置付けることである。

ケアプランの策定と記録はアセスメントを行ったケアマネジャーの責任であり、ケアプランの内容は利用者にも伝えなくてはならない。むろん、実際にはプランの策定過程で利用者、介護者、サービス事業者と協議し関係者の合意が得られる。通常のサービスに縛られない柔軟さがCOPのケアプランの特徴とされている。

サービス提供が始まってからのモニターもケアマネジャーの責任であり、利用者や介護者と直接面接する場合やサービス事業者が利用者の変化を報告するように取り決めておく場合もある。モニターや見直しの時期はケアプランに記録される。

最後の終了手続きであるが、居住形態の変化、施設入居、死亡による場合がもっとも多いが、なかにはCOPのサービスではなく他のサービスで十分となる場合もみられる。

・COP － Inner East Community Optionの事例を中心に

筆者はホワイトホース市を中心にフィールドワークを進めたのだが、この市を含め、隣接4市を担当していたのがPeter James Centreにおかれていた ACATであった。このACATの担当地域（catchment area）でどこがCOPを提供しているかきいたところInner East Community Option（以下、Inner East COと略記）という団体を紹介された。この団体はユナイティング・チャーチ[5)]系の非営利組織で1987年の試行事業のときから活動している。それ以前は認知症高齢者のプログラムと一体で活動していたが、COPの試行開始時期にあわせて組織上分離し、その後HACCの正規事業となった1992年から現在の事務所での活動となった。Inner East COが受け入れる利用者は、ホワイトホース市の他に2市の住民である。

COPプログラムは当初はモデル事業としてInner East COを含め20ヶ所で開始したが、今では総事業者数500ヶ所に増えている。そのなかでInner East COは指導的な役割を果たしてきたところで、実践モデルや詳細なマニュアルの開発などを行ってきた。実際、COP 用の実践マニュアルを独自に開発しており、他の事業者にそれを販売もしている。ルーズリーフ型のかなり分厚いつくりになっていて、マニュアルであるから当然理念から具体的な指示事項まで網羅されている。ただ、全体を見ての筆者の印象は、次の２点である。第一に、マニュアルというよりもチェックリストでもあるということ。つまり、これを使用する人間がどういう点を重視して判断すべきかを詳しく説明している。手順だけでなく判断指針を明示しているところに独自性が感じられた。ケアプランの書式などさまざまなフォーマットが用意されているのだが、どれもとくに工夫されたというほどではなく非常にシンプルである。ちなみに、ケアプランの書式は一週間分の予定表である。特徴的なのは、記録に際して自由記載の形式が大部分となっていることである。ケアマネジャーたちは、項目をチェックするような記入ではなく、自分の判断を文章にして記録しなくてはならないのである。その判断を的確に行う上でポイントとなる点を簡潔に挙げているのである。

第二に、全体を通して利用者の権利に対する敏感な姿勢が感じられる。これは、利用者への情報提供、合意形成のためのコミュニケーション、虐待が考えられる場合の対応、後見人制度の活用などの説明からうかがえる。

このマニュアルにおけるケアマネジメントについて、特徴的と思われる部分に絞ってみてみよう。まずアセスメントであるが、対象者宅を訪問して行う。最初のアセスメントが入院中の病院やホステルなどの施設であった場合には、自宅復帰後に必ず訪問して再度行う。COP は複合的ニーズのある人の在宅支援を目的とするプログラムだからである。

アセスメントをその対象者や介護者への教育的目的と位置付けている点も注目に値する。ケアマネジャーは質問して単にサービスの必要性だけを調べるのではなく、当事者たちが自力で対応できそうな部分を一緒に確認し、利用可能なサービスとオプションとして検討できるサービスに分けて情報提供する。換言すると、彼らが自分の生活状態をトータルに理解できるように働きかけるのである。アセスメントの段階ではCOPのプログラムに受け入れるかどうかが決定していないという事情も関係しているのであろうが、スタート時点での状況についての現状認識の共有を重視しているのである。サービス利用者やその介護者をパートナーと位置づけケアに“参加”してもらうためには、最初が大事であることは言を待たない。要は、それが着実に実行されるかどうかというケアマネジャー側の問題でもあるのだが、実はこれにはそれ以上の意味があるのである。

どういうことかというと、ケアプランは基本的に目的明示方式で作成されるからである。例えば自力でのトイレでの排泄を利用者自身も目標とするのであれば、それに向けてのケアプランを作成するのである。単にニーズとサービスをつなぐだけでなく、サービス開始時の状態をどのように改善したいのかその方向を合意しておく。そうすることでモニターの重点がはっきりしてくるし、サービスの増減調整を行いやすくなる。すでに述べてきたことだがブローカレッジ方式では個々の利用者でサービスの増減を行っていかないと裁量執行の利点が発揮できない。そこでカギとなるのが目標明示のケアプランとなる。

ところで先に述べたように、補助は一人当たり年間一万ドルである。現状では総額範囲内での裁量が認められているが、実際にはどのように行われているのであろうか。

予算の配分はおおよそ、10％が事務経費、20％がケアマネジメント、70％が実際のサービス購入にあてられている。次に、サービスに関する費用についてであるが、まずサービスは種類別に基準の金額が設定されていて、付き添いなら 1 時間 20 ドル、訪問看護なら 1 時間 40 ドルといった具合である。また、一週間の平均サービス購入額は一人あたりで 140 ドルである。

各ケアマネジャーの裁量額も決められていて、一人当たり週 50 ドルまでは個々のケアマネジャーが自分の判断でサービス購入できる。利用者一人当たりで 200 ドルを越える場合、また、ケアマネジャー一人の支出予定総額が週あたり当初の計画を 500 ドル以上上回る場合には、定例のケアマネジャー会議にかけて決定する。提供できるサービスの種類には制限はない。ケアマネジャーが必要と判断したサービスは一定の予算管理のなかであれば調達される。逆にいうと、受注総額の範囲を越えないということがその団体にとって最重要課題となる。利用者の個別ニーズに的確に応えつつ、サービスの種類や量を増減しながら、枠をはみ出さない支出管理をしなくてはならない。Inner East CO に限らず、これはブローカレッジ方式の特性であるから他の COP や CACP などどこも同様なのだが、利用者別、全体総支出に関して、週別、月別にかなり詳細な記録をつけて把握している。ほとんどがパソコンを使用しており、Inner East CO はそのプログラムも開発している。

Inner East CO のケアマネジャーは一人が約 25 人（州のマニュアルでは 25 人から 30 人となっている）の利用者を担当している。

新件は市や ACAT からの照会となるが、引き受けられるかどうかの判断は結構複雑である。第一に、その時点での人数枠に余裕があるかどうかである。年間人数枠で請負っているから通常、枠はすべて使用されている。ただ、年度中に入院、転居、死亡などにより利用者が外れる場合があるから、実際には照会があったときに上手く空きがあるかどうかのタイミングに左右される。次に、仮に枠に余裕があった場合、ケアニーズの高さが考慮されるがそれだけでなく、その時点でその団体、例えばInner East COが、どの程度のニーズレベルの人を何人受け持っていて、全体的な支出実績が年間総請け負い額のどのくらいを占めているかが確認される。つまり、そこでの支出予測で余裕がなければニーズの高い人だからといって簡単には引き受けられないという事情がある。ただ、こうした事情はどの団体も似たり寄ったりであるからその都度余裕のある団体が引き受ける。

ケアマネジメントだけを行うわけであるから、それゆえの緊張感もみられる。補助は一人当たり定額で決められても、一方で総枠を出ないように管理を徹底しながら、もう一方では費用効率を高める努力が求められる。そのことがまた、サービスの質を確保することにもつながる。包括的というサービス提供の条件は、一端請負ったらその人が在宅生活を維持するために必要なサービスを提供しなくてはならないのであるから、ただ単に単価の低いサービスを探すことよりも、適切さを判断しながらサービスの増減を調整することの方が大変である。

Inner East COは独自の研究を行っていて、脳血管障害、神経系の難病、移動障害、失禁など個別条件に照らしてコストへの影響要因の解明を続けている。看護的ケアよりも身の回りの身体動作（ADL）に関わるケアの方がコスト増につながるという。一事業者でありながら、かなり高度な実践的研究を蓄積しているところはさすがであった。彼らの成果の一例を挙げると、ケアプランを目的別（goal-oriented）に明示し、その評価でサービス調整を行うという方式の開発である。費用効率とサービスの質の確保を両立するために導入されたものである。

ここまで COP との関係で Inner East CO について述べてきたのだが、今度は事業者である Inner East CO の側からみてみよう。他の多くの類似団体と同じように、Inner East CO は COP だけを請負っているのだけではないからである。CACP も請負っているし、COP を提供しているから言うまでもなくその母体である HACC のサービスも提供している。新しい利用者は ACAT 経由もあれば、住民から直接連絡が入ることもあるし、地方自治体から紹介されてくる場合もある。Inner East CO は基本的にはそれぞれのプログラムごとに運営しているが、その一方で複数のプログラムを駆使した調整も行っている。例えば、COP は HACC のなかに組み込まれているから、コアサービス時間、つまり１ヶ月当り最低限のサービスとして５時間のホームヘルプと２時間の訪問看護は自動的に保証される。しかし、CACP にはそうした基本サービスはついていない。そこで CACP の対象者で待機を余儀なくされる人に対しては“つなぎ”として HACC の基本サービスを提供する。したがって、複数のプログラムを、しかもできるだけ多くの人数枠で請負っていた方が機動的な動きが取れることになる。加えて、補助枠をめぐっては地方自治体、民間非営利団体による競争入札方式が採用されているから、非営利であっても実績をもとにした事業拡大の圧力は強くなっている。

筆者はフィールドワーク中、数回、Inner East CO のケアマネジャーたちの会議に同席させてもらったのだが、その中の一人のケースについて簡単に報告しよう。近隣の市役所から依頼された83歳のひとり暮らしの女性で、中度の認知症があるケースである。当初の情報では、行政の援助は若いときから拒絶してきたこと、また、家庭での給湯とヒーターの利用は長年していないこと、さらに、幼少時から盗癖があるようで受け入れ打診の時点で盗みの疑いで裁判が継続中であった。子どもは娘が一人いるが、他州に居住している。州の成年後見制度により近く金銭管理の代理者が選定される予定となっていた。

まずホームヘルパーを導入し、最初のケア目標を一週間に一度の入浴と設定する。同時に、一人での生活が安全にできるかどうかを見極めるため、日常生活状況のモニターも目的とされた。その後に目的とされ達成されたサービス内容は非常に多岐にわたる。その主要なものを挙げてみよう。足の治療に通院させ、以後3ヶ月に一度受診させる。週1回の入浴、週1回のシーツ交換、週1回の買い物、バスルーム用に簡易ヒーターを購入、生ゴミが所定の形で処理できるような指導、配食受け取り用の専用ボックスの購入と利用方法の練習、週4回の配食サービスの利用、週に1度夕食のモニターを近所の住民にしてもらう、ガス利用は危険となったので停止する、食事を暖めるために電子レンジを購入、沸騰時に音の鳴るやかんを購入し使い方を学習、石油ヒーターの購入、フェンス修理と溝の掃除のサービス購入、勝手にスイッチを切るので給湯スイッチを固定する、土曜日もディセンターを利用し送迎をホームヘルパーが行う、本人の写真を最寄りの警察署に届け事情を説明しておく、などである。

当然、心身状態や生活状態の悪化も考えられるので、ケアマネジャーはこうした個別的なことがらだけでなく、起こり得る変化を予測的に捉えようとする。予測のためには常に利用者の生活状態全体を理解している必要があるが、そのために目的別ケアの方式が大変有効である。

EACH（Extended Aged Care at Home: 重介護高齢者対応在宅ケアプログラム）の試行拡大へ

さて、すでに述べたように CACP は ACAT により低ケア・レベル（旧方式ではホステル相当）と判定された高齢者のうち複合的ニーズの人を対象としたものであるが、現実にはその利用者のニーズは制度的想定よりも重度化の傾向がみられるようになっている。そこで高ケア・レベル（旧方式ナーシングホーム入居相当）とアセスメントされた高齢者を対象とした包括的在宅ケアプログラム、EACH（Extended Aged Care at Home：重介護高齢者対応在宅ケアプログラム）が現在、全国的に試行されている。今後のオーストラリアの高齢者ケアにとって政策面でも実際のケア面でも“切り札”となると予想されるプログラムである。実際、筆者が重点的フィールドワークを行なった 1998 年時点ではほとんど聞かれなかったが、再調査を行なった 2001 年 8 月には EACH の名称とともに関係者からその概要が語られた。そして 2003 年 12 月になると EACH はコミュニティケア（地域在宅ケア）を構成する主要プログラムとしての位置づけを受け、CACP や HACC と並んで説明されるようになってきた。

規模的にはまだ非常に限定されているが、この後のオーストラリアの高齢者ケアを予測する上で重要となるので、言わばベースラインの知識として、ここではサービス内容などできるだけ詳しくEACHについて述べる。

なお、EACHは高齢者を対象としたプログラムであり、若年障害者にはHACC(Home and Community Care:地域在宅ケアプログラム)、とくに本章で説明したCOP（Community Options：コミュニティ・オプションズ）で対応すると規定されている。

EACHは1998年7月1日から全国的に試行されている。言うまでもなく、1997年からの高齢者ケア構造改革によりホステルとナーシングホームの施設一元化を受けて、在宅ケアにおいても虚弱レベルから要重介護の高齢者まで対応できる態勢を整備しようという動きでもある。全国試行に先立ってまず南オーストラリア州で1993年から実験的に開始されており、その結果を踏まえての全国規模でのモデル展開となった。2001年で10事業者290人枠にとどまっているが、同年の中間評価では、制度化への課題として質の標準化、より効果的なマネジメント方式、報告を有効に行うためのデータシステムの開発などの課題点が指摘されたが、それらへの対応を検討しつつ試行段階としては最終局面に入っている。連邦政府は2001年度にはEACHを継続していく姿勢を打ち出しているので、すでに正規のプログラムになっていると言っても間違いではないが、実施規模からすれば本格的展開はまだ今後のことである。

2003年度実績でみると、全国で19の事業者が450人分のEACHプログラムを提供している。州別ではニューサウスウエールズ州では5事業者で合計86人分であり、事業者の中には認知症高齢者ケアでよく知られている非営利法人ハモンド・ケア・グループが請け負った28人分が含まれている。南オーストラリア州では2事業者55人分、西オーストラリア州では2事業者75人分、クイーンズランド州では3事業者75人分、首都キャンベラのある特別区では1事業者30人分、タスマニア州で2事業者25人分、北準州は1事業者20人分、そして、ビクトリア州では3事業者84人分である。事業者はすべて民間であり、若干の営利事業者も含まれている。

数字だけをみると取るに足らないように思われるかもしれないが、個々の実践事例について詳細なデータを集めその分析を通して、また、外部専門家の評価を経て正規のプログラムにまで整備するという作業を非常にていねいに行なっている。CACPの場合もそうであったが、試行事業を有効に活用するオーストラリアの政策決定プロセスがある。EACHの受託事業者は各年9月末までに年次説明責任（アカウンタビリティ）報告を所定の書式により連邦政府に提出する義務があり、その主要項目は利用者負担額、直接ケア提供者の給与とブローカレッジによる直接サービスの購入額、看護師・療法士・介護職別フルタイム換算給与による人件費構成、失禁対応製品などの支給消耗品代と貸与機器の購入費、などにわたっている。

EACHのサービスを受けるにはACATにより高ケア・レベルの判定を受けているだけでなく、現状では同居介護者がいることが条件となっている。ニーズのレベルは8段階のうちレベル2、二番目に重い介護ニーズに対応するとされており、請け負った事業者には一人当たり1日＄150を基準にして補助額が決められている。年間に換算すると、約＄39,000である。これに請負人数を乗じた額が連邦政府から事業者に支払われる。ちなみに、CACPは一人当たり年間＄11,000（2003年12月）の補助額である。なお、

EACHのサービスは週平均で9時間とされている。

EACHの利用者特性やサービスについての情報はまだ限られていて、2002年に1週間についての調査が最新のものである(AIHW,2003、p. 305)。利用されているサービスはCACPの場合と類似しているが、看護や関連ヘルスケアのサービスが含まれるのはEACHの特性である。制度の趣旨とは合致しないが、調査対象の290ケースの11%は65歳以下の利用であると報告されている。

ところで、EACHのサービス内容は連邦政府によって4区分17項目に分けて指定されている(事業者向けの連邦政府資料、EACH Specified Care and Services-April,2003)。いずれ本格的に実施されるときのベースラインにもなるので、その全体像をみておこう。

第一区分:一般的サービス(General)

1. 事業者としての事務管理
2. ケアプラン作成・ケアマネジメント

第二区分:専門的臨床サービス(Specialised Clinical Services)

正規登録看護師、または同看護師あるいは当該サービスに詳しい他の専門家の直接的、間接的管理、監督下で提供されなくてはならない。

3. 臨床的ケア
   (a) 痛みのアセスメントと可能な限り痛みを除去するための疼痛管理計画の策定と実行、
   (b) チューブ、経管栄養などのケアと管理、
   (c) 導尿カテーテルや人工肛門のケアプログラムの計画立案、評価、継続実施、

(d) 複雑な傷の処置と管理、
(e) 浣腸あるいは座薬の挿入、
(f) 吸引
(g) 常時見守りが必要な酸素療法（利用者負担なしによる酸素と酸素機器の提供を含む)、
(h) 服薬管理の援助、
(i) 看護サービスが必要となった際に利用者が 24 時間連絡を取れる態勢の確保

4. 他の保健関連サービスへのアクセス

利用者のニーズと希望に応じ適宜、他の保健専門職やサービス提供者を紹介し、利用者本人、またはその代理者、親族、介護者などがアポイントを取る際に援助する。

第三区分：ケアサービス（Care Services）

利用者またはその介護者が希望しない場合、または自分で行えるサービスは除外する。

5. 日常生活動作

(a) 入浴、シャワー。必要であれば、シャワー椅子を提供すると共に、身体の衛生面、整髪、着脱衣について援助をする。
(b) 聴力・視力・発話の障害があったり、あるいは共通使用言語が欠如している際のコミュニケーションへの援助。補聴器の電池のチェックや眼鏡の洗浄、電話使用時の補助なども含む。
(c) 買物や通院などアポイントメントのための交通手段を用

いた移動の際の援助。また、住居の掃除、ゴミ捨て、アイロンがけ、日常的洗濯（但し、ドライクリーニングなどは除く）について援助する。

6. 栄養、水分補給、食事の準備

必要に応じて、食事の準備や、健康上、宗教上、文化上の理由による特別な食事の準備を援助する。経管栄養が必要な場合には、利用者の追加費用負担なしで提供する。摂食補助具類を使用できるようにすると共に、必要であれば直接、摂食介助する。

食費（経管栄養を除く）の負担は利用者またはその親族の責任である。

7. 皮膚状態の管理

包帯やその他の手当用品、皮膚軟化クリームなどを、利用者負担なしで、提供する。但し、特定の健康状態について保健専門職の処方がある品物は除く。

8. 排泄管理

使い捨てパッドや吸収性補助品、カモード（簡易便器)、おまるや尿瓶、カテーテルや導尿バッグの取替え、浣腸剤・器などの必要性を判断し、必要な場合には利用者の費用負担なしで提供し、それらの実際の使用や排泄管理を援助する。

9. 認知障害のある利用者への支援

特定の状態あるいは行動を防止したり管理したりするためにセラピーやアクティビティ、その他特別なプログラムに参加し、クオリティ・オブ・ライフを高めるよう支援する。また、それを継続する。

10. 移動と移動補助具

松葉杖、四点歩行器、フレーム歩行器、杖、車椅子などが必要となり、利用者がまだ所有していない場合には、利用者の費用負担なしで、提供する。アセスメントの結果、必要と判定された場合にはリフト、ベッドレール、スライドシーツ、シープスキン、減圧マットレスなどを、利用者の費用負担なしで提供する。そして、使用の際に援助する。但し、電動車椅子や特別な注文補助具は除く。

第四区分：サポート・サービス（Support Services）

11. レジャー、趣味、活動

利用者のライフスタイル、興味や関心、良好な状態を向上でき、現状の水準を維持するために社会的活動やコミュニティにおける活動に参加するよう励ます。また、利用者が自身に関わることがらを維持するためのサポート・サービスが受けられるように援助する。

12. 情緒的サポート

依存状態が高まっても、それを含めたライフスタイルが維持できるように継続的に支援する。また、利用者本人や場合によっては介護者を援助する。

13. セラピー・サービス

状態の悪化を最小限にするために、気晴らし（diversional）セラピー、レクレーション・セラピー、足病治療（podiatry）、言語療法、作業療法、理学療法を提供する。

但し、集中的かつ長期間におよぶリハビリは除く。例えば、深刻な病気や怪我、あるいは手術、トラウマ状態の直後の時期、民間健康保険に加入していてそちらに請求できるサービスは除かれる。

14. 呼び出し相談のアクセス

24 時間相談ができるために、利用者に比較的近いところに最低ひとりの責任者か責任組織を決めておき、それらが緊急時の対応援助を行なう。これには、利用者に必要と判定され利用者がまだ持っていない場合には、緊急通報システムが含まれる。

15. 住居の安全性

利用者の住居のなかで、事業者のスタッフや利用者（あるいは、その代理者）または介護者にとって安全上危険となるような箇所について、利用者（あるいは、その代理者）に助言する。

16. 家庭環境維持

利用者の住居や庭などが支障のない状態であるよう維持する。

17. 住居改造

必要に応じて、使いやすい蛇口、シャワーのホース、浴室手すりなど簡単な取り付けを行なう。このレベル以上の技術的助言が必要であったり、大規模な改造が必要と判断される場合には、利用者あるいは住宅の所有者が、助言が得られるように援助する。大規模な住居改造はEACHのサービスには含まれない。

これがEACHのサービス内容の全体である。試行段階であるため暫定的であるが、4区分17項目により、8段階のレベル2、つまり、二番目に重度の介護レベルにある高齢者を在宅で援助していこうとしている。医療ニーズも高いので専門的な看護サービスが重要視されている。先に述べたように、現段階では同居介護者がいることが条件になっていたり、ケアレベル2の補助条件が当てられている。

CACPが低ケア・レベル（旧ホステル相当）の高齢者を対象にした施設入居代替策であるのに対して、EACHは高ケア・レベル（旧ナーシングホーム相当）の高齢者への施設入居代替策であり、70歳以上1000人当り100ベッドという全国基準枠においてEACHが将来的にどの程度を占めていくかによって高齢者ケアの全体図も変わっていくことになる。サービス面からみれば在宅でどこまでケアできるかの限界への挑戦であるし、連邦政府はEACHの件数分、ナーシングホームのベッド数を削減していくことになる。これが政策意図なのであり、介護施設偏重のケア制度体系の是正という1985年の高齢者ケア改革戦略以来の最重要課題に対して、さらに一歩踏み込むことを意味している。

ACATの役割を中心におき、利用者本人だけでなくさまざまな介護者との協力のもとに重介護が必要な高齢者の在宅生活を支えることを目的としており、ただケアレベルだけで対象者が決められるのではなく、在宅での生活継続を希望する利用者や同居介護者（通常は配偶者や子になる）の明確な意思が不可欠の条件となろう。さらには、次章で詳しく論ずるように、連邦政府は介護者支援プログラムを現在、強力に整備していることを考慮すると、EACHが同居介護者を条件としていっても介護者の負担に対しては介護者支援プログラムが下支えに入るという政策連携が読み取れる。

CACPが始まってまだ10年ほどしかたっていないが、EACHが試行され始めたのはCACPの施設代替策としては成功が実証された結果である。すでにみたように、CACPの今後の拡充も確実となっている。利用者の希望が多いことも指摘した。その一方で、CACPが制度上の想定を越えて介護ニーズの重い利用者を抱えていることも事実である。

さらには、1997年の高齢者ケア構造改革により施設が一元化されたことを受けて、在宅の場合でもケアも一元的に再編される必要が生じているのである。“Ageing in place、今住んでいるところで老いていく”という目標は、介護レベルの上昇によりホステルからナーシングホームへの移動の必要性をなくすという意味だけでなく、在宅生活においても施設入居を回避するという意味になり、その現実的な試みが続けられている。したがって、施設入居代替策としてのCACPとEACHの関係は、低ケア・レベル施設と高ケア・レベル施設の関係に対応することになり、包括的な新方式が施設、在宅の両方において現実化される可能性がある。これからのオーストラリアの展開をみていくときの焦点は、ここにある。

第6章　介護者支援の強化

介護者支援のアジェンダ化

公的なサービスに対して家族などによるケアをインフォーマルケアと呼ぶが、介護者（carer）とはインフォーマルケアを担う人々のことであり、介護者支援とはそうした人々へのさまざまな公的サポートのことを指す。

介護者支援の政策化は、実は非常に微妙な問題であり、とりわけ介護保険施行後まもない日本においては独立した課題として設定しにくい段階にあると言えよう。家族介護に依存する形から介護を社会的に支える形への転換が、1980年代後半以降2000年の介護保険の施行に向けて、啓蒙的努力と共に強力に進められてきた日本では、介護の社会化を支える役割を介護保険に期待する状況が続いているからである。そのため介護者支援を政策課題として議論する試みは、少なくとも現状にあっては、家族介護への回帰を意図するものと理解されかねないであろう。

しかし、開始後間もない介護保険制度がすでに保険料や利用者負担額の引き上げを具体的に導入せざるをえなくなっており、介護保険だけでの対応に限界のあることは広く認識され始めている。

介護者支援を公的にどこまで行うかは、その国の人々の相互扶助意識や公的責任主体である行政への信頼、そして、福祉社会としての制度的成熟度と不可分の関係にある。なぜなら、公的責任の範囲と私的責任範囲——この場合にはインフォーマルな自発的介護であるが——との境界線は制度的に明確には決めきれず、一定程度のあいまいさが残るからである。このあいまいさは実は制度全体の健全さでもあるのだが、行政の行う公的サービスがすべてにおいて責任をもち平等、公平でなくてはならないというように杓子定規にしか考えられなかったり、自分だけの利益しか眼中になかったり、あるいは、当事者になるまでは無関心な人々にとっては、こうした“公的あいまいさ”は理解されにくいだけでなく許容しがたいかもしれない。

日本は民法の規定により親族の相互扶助義務が課せられているが、そうした法的責任が撤廃された西欧諸国においても、インフォーマルなケアが配偶者や成人子など家族を中心に活発に行われているのは良く知られているところである。そして、介護者の果たしている役割の重要さが社会的にも認識され、その支援がいわば正当なる行政課題として対処されるようになってきている。とりわけ近年では福祉国家改革が公的責任の縮小化という形を鮮明にしているなかで、介護者が継続してその役割を果たせるよう政策的支援する試みが多くに国で行われている。

オーストラリア連邦政府は 1997 年からの高齢者ケア構造改革において、施設ケアや地域在宅ケアと同列に介護者支援を位置づけ、在宅で介護している人々への支援強化のため、全国規模でそのための組織化とサービスプログラムの拡充を続けてきている。

本章で述べるように介護者支援の具体的プログラムは多岐にわたるが、もっとも中心的なサービスはレスパイト（respite：介護者一時休息）プログラムであり、全国規模で支援網の構築など重点的な予算化をはかってきている。この背景には、障害者や高齢者が受けている介護全体の約74％を家族、友人、近隣住民などのインフォーマルな介護者が担っているという現実がある。

また、より具体的にみればケアの比重が施設ケアから地域社会における在宅ケアへとシフトし続ける中で、介護者休息用のレスパイトケアがサービスとしてより一層重要になってきたという変化も見落とせない。

さらには、介護者の負担が高じると場合によっては虐待などの問題に発展することもあるので、制度的なレベルだけでなく現実に介護役割をとっている人々への支援の重要性が認識されてきている。

介護者の４モデル

インフォーマルな介護者をどのように位置づけるのかという問題は具体的には政策に反映するので、理念的な問題としてだけでなく現実的な政策課題としても議論していく必要がある。ここで参考になるのが、ツウィッグとアトキン（Twigg and Atkin,1994）が提示した４つのモデルである。すなわち、主たる介護資源としての介護者（carers as resources）、介護協働者としての介護者（cares as co-workers）、クライエントとしての介護者（carers as co-clients）、そして、介護者規定を越えた介護者（the superseded carers）である。それぞれを簡単に説明しよう。

最初のモデルは、介護者がほとんどのケアをしていても、それを当然とみる立場である。関心は要介護者におかれ、介護者と要介護者に利害関係が起こりうることは無視される。介護者は無料の資源とされ、インフォーマルなケアを公的ケアで対応しようとしたり、介護者の負担の軽減については社会的、政策的に関心が低い。

二番目は、介護者は専門職と協働してケアに従事する人として認識され、公的ケアとインフォーマルなケアの統合が試みられる。要介護者の状態を改善することが双方に共有された目的で、そのためには介護者の意欲、モラールが重要とされる。介護者の負担も考慮されるが、この目的の範囲においてである。

第三モデルは、要介護者だけでなくその介護者自身も援助の対象者であるという考えである。介護者のストレスを軽減し、その結果高いモラールで介護役割を継続的に果たせることが期待され、さまざまな形でのレスパイトが大きな効果をだせるのもこのモデルである。

最後は、介護状況にある要介護者と介護者を切り離し、介護者を「介護者」という視点で捉えない立場である。家族として理解し、介護者という見方に付随する責任や義務感などの負担を課さないようにしようとする。第三モデルでは両者は介護関係に規定されているが、第四モデルでは介護状況にはあるが介護関係の規定性を緩和し、それぞれを個人として位置づけ個別的に支援する。このモデルが理想的であるとされる。

ビクトリア州の介護者支援団体 Carers Victoria によると、オーストラリアにおいては高齢者ケアの政策は第二モデルか第一モデルを反映したものにとどまっているという（Carers Association

Victoria,1998）が、現状からの改善を目的に活動している団体の立場上そうした主張になるのは理解できるのであるが、筆者の判断ではオーストラリアはかなり第三モデルにもとづいた政策展開をしている。本章で述べる介護者支援にしても、HACC の枠内で提供されるレスパイト・サービスにしても、さらには ACAT が判定するレスパイトにしても、介護者を援助の対象者と位置づける点はすべてに共通している。

介護者とレスパイトの定義

介護者の定義は連邦政府と州政府によって同じではないが、共通した特長は包括的な点である。オーストラリア統計局（ABS）は二つの概念を使用しているが、中心となるのは「主介護者(primary carer)」の概念である。「ひとつかそれ以上の障害を持つ人を、直接援助や観察、見守りの形でもっとも多くインフォーマルに支援している人で年齢は問わない。また、支援は最低でも６ヶ月間継続しているか、継続するものと予想されている場合でなくてはならず、基本的日常行為（コミュニケーション、移動、またはセルフケア）のひとつかそれ以上のために提供されていなくてはならない」と定義されている。

もうひとつの概念は介護者の年齢規定を含むもので、「中心的介護者(principal carer)」と呼ばれる。「(介護者の年齢が)15 歳以上で、重度の障害を持つ人に対してセルフケア、移動、コミュニケーションの面でもっとも多くインフォーマルな支援を提供している人」とされている。下記で取り上げるオーストラリア統計局の 1998 年調査では 15 歳未満の介護者は全体の 0.7 %である。当然非常に低い比率ではあるが、日本で言えば中学生かそれより年少者であっても公的統計として事実把握している点は注目される。当事者にとってみれば、統計上の位置ではなく、自分がサービスの対象となるかどうかが重要なのであり、15歳未満の介護者という視点を公的統計が採用していることは当事者の立場を反映していることになるからである。このことはまた、要介護者だけでなく、介護者もまた援助の対象者であるという第三モデルの認識が定着していることを示唆する。

なお、2種類の概念の使い方であるが、混乱を避ける意味で併用ではなく「主介護者」の方を用いることにする。公的な統計上の概念規定の意義は触れたとおりである。ただ、オールトラリアでも「15歳以上の主介護者（primary carers aged 15 and over)」という表現が一般にされるし、日本でも主介護者という言い方が定着しているので、本書においても主介護者という言い方をし、必要に応じて介護者の年齢区分に言及することとしたい。

ちなみに、第2章で説明したように、基本的日常行為とはセルフケア（入浴・シャワー、着脱衣、食事摂取、トイレの使用と失禁時管理)、移動（屋内移動、屋外移動、ベッドや椅子への移動、公共交通機関の利用)、そしてコミュニケーション（家族、友人、その他の人々との双方向の意思疎通）とされている。

レスパイトに関しては1996年に提出された連邦政府報告書（The 1996 Respite Review）の定義が採用されており、介護役割を果たすことによるストレスや苦痛からのレスパイト（一時休息）と一般的なサービスとしてのレスパイトとの区別を前提として、レスパイトとは介護者あるいはその介護を受けている人のいずれかに対するいかなる支援をも意味するとされていて、驚くほど包括的な位置づけとなっている。すなわち、前者は緊急的・非計画的レスパイトであり、後者は一般的・計画的レスパイトと理解してよい。

介護者の実態

介護者の実態に関するもっとも信頼できる全国調査はオーストラリア統計局（ABS）が1998年に行った「障害・高齢化・介護者調査」とされている。それによるとオーストラリア全体で介護に関わっている人数は230万人と推計されており、このうち「主介護者」と分類されたのは約450,900人（19.6％）であった。15歳以上の介護者でみると、何らかの支援を受けているのはそのうちの49％（227,000人）である。

主介護者の性別は、女性が70％、男性が30％である。同居しているのは79％、別居は21％だが、同居の場合、その全体の65％は要介護者が65歳未満で、35％が65歳以上となっている。一方、別居の場合では、要介護者のうち65歳未満が20％、65歳以上が80％で、若年障害者では主介護者が同居しているのが一般的であるのに対して、要介護高齢者の主介護者は一緒には住んでいない場合が大部分である。

次に、要介護高齢者の介護者についてより詳しくみてみよう[1]。表６－１は、1998年におけるその実態を示したものである。全体特性をみると、若年層介護者（25－64歳）53,200人（42％）、高年齢層介護者（65歳以上）72,100人（58％）の計125,300人（100％）の介護者が、女性要介護高齢者69,700人（56％）、男性要介護高齢者55,600人（44％）の介護に当たっていることになる。

表6−1　65歳以上被介護者とその主介護者（年齢・性別、1998年）

	男性介護者		女性介護者			介護者全体		
	25−64	65＋	25−64	65＋		25−64	65＋	
	人数							
女性被介護者								
65−74	3, 700	11, 820	3, 800	800		7, 600	12, 600	
75＋	4, 600	17, 400	25, 100	2, 500		29, 700	19, 900	
小計	8, 300	29, 200	28, 900	3, 300		37, 200	32, 500	
男性被介護者								
65−74	1, 200	0	8, 900	14, 700		10, 100	14, 700	
75＋	2, 600	0	3, 300	24, 900		5, 900	24, 900	
小計	3800	0	12, 200	39, 600		16, 000	39, 600	
合計	12, 200	29, 200	41, 100	42, 900		53, 200	72, 100	
	パーセント							
女性被介護者								
65−74	18. 5	58. 4	18. 9	4. 2	100%	37. 4	62. 6	100%
75＋	9. 3	35. 1	50. 6	5. 0	100%	59. 9	40. 1	100%
小計	11. 9	41. 9	41. 4	4. 8	100%	53. 4	46. 6	100%
男性被介護者								
65−74	4. 9	0	36	59. 1	100%	40. 9	59. 1	100%
75＋	8. 4	0	10. 7	80. 9	100%	19. 1	80. 9	100%
小計	6. 9	0	22	71. 2	100%	28. 8	71. 2	100%
合計	9. 7	23. 3	32. 8	34. 2	100%	42. 5	57. 5	100%

＊推計値を含む。
＊出典：AIHW, 2001, p. 206

介護者の性別と年齢別について、はじめに男性介護者の場合をみてみよう。若年齢層介護者が介護しているのは女性の要介護者であることが多く、男性要介護者の2.2倍である。これに対して、65歳以上の男性介護者が介護しているのは女性の要介護高齢者のみであり、ほとんどが配偶関係であると考えられる。男性介護者が高年齢で配偶者の介護に当たっていること、その割合が全介護者の約23％を占めていることは注目すべきである。

女性の若年齢層介護者は男性よりも女性の要介護高齢者を多く介護しているが(2.7倍)、その中で75歳以上の女性要介護者(25,100人) の多さが際立っている。65歳以上の女性介護者が介護しているのは圧倒的に男性の要介護高齢者で、とくに75歳以上の要介護者が多い。いわゆる老々介護の典型的なパターンがみてとれるが、上述したように男性介護者の場合もこのパターンになってきている。つまり、介護者が妻の場合だけでなく夫の場合であっても、夫婦間での介護となっている点がとくに注目される。

もう少し細かくみると、高齢女性が援助を受けている場合、その介護者は高齢男性が41.9％、ほぼ同率で25－64歳の女性、41.4％である。さらに、受け手が65－74歳の女性ではその介護者は高齢男性である傾向が強い（58.4％）のに対して、75歳以上の女性になると25－64歳の女性介護者（50.6％）が主体となる。一方、男性要介護者の場合、介護者は高齢女性である可能性が高く（全体の71％)、しかも65－74歳の要介護男性での59％に対して、75歳以上の要介護男性では81％が65歳以上の女性の介護を受けている。高齢女性の介護負担がいかに大きいかは、ここからもはっきりうかがえる。

介護者支援の内容

ところで、オーストラリアが介護者支援に本格的に乗り出したのは、介護者の果たしている役割を評価したからであるが、とくに家族や友人らによる自発的な行為が結果として公的負担の軽減につながっていることを重視したためである。支援の内容は大きく3種類であり、情報提供、レスパイト・サービス、そして、金銭的支援である。介護者が休息を取れるようにするレスパイトは、施設利用レスパイト（日本ではショートステイ、短期利用と呼ばれる）、在宅レスパイト（in-home respite）、ディセンター・レスパイト（日本では、ディサービス、通所サービスと呼ばれる）である。レスパイトについてのこうした柔軟化は、1986年に提出されたレスパイト・サービスへの評価報告でレスパイトが施設利用に偏重していることが問題点として指摘されたことも影響している。利用者に対して個別対応を機動的に取りやすくするため、在宅レスパイトや地域でのディセンター・レスパイトが強化されたわけで、この流れは施設入居代替策であるCACPなどとも共通している。

詳しくはこの後論じていくが、ここで介護者支援を公的に行なうことをどのように考えるべきかについて触れておきたい。位置づけの問題である。筆者は、介護者支援が一般プログラムとして成り立つには前提条件があり、それは要介護者本人へのサービスがそれ自体として制度的に確立されていることと考えている。つまり、要介護者へのサービスの不足部分を介護者が補っているから支援するという考え方ではない。さらに、自発的行為とみるか義務的行為とみるかによって介護者支援の制度的な意味づけは当然異なってくるわけだが、それによって介護者支援制度も分離並立型なのか統合補完型なのか、いずれかになっていく。位置づけの問題を回避し、現実問題として対処することで結果的に在宅生活をより長く支えるというプラグマティカルな立場もあるかもしれないが、サービス受給の公平さをめぐっていずれ制度的位置づけをせざるを得なくなろう。端的に言えば、要介護者本人へのサービスは本人へのサービス、その介護者へのサービスは介護者へのサービスとして、サービス対象者を明確に切り離して考えた方が合理的である。したがって、この立場にたてば、介護者支援とはそれ自体で独立したサービスシステムとして位置づけるべきであると筆者は考えている。

この点は、介護者支援が高齢者の場合に限られるのではなく、障害児者を含め全ての場合に開かれていることを考慮すると理解しやすいであろう。要介護者が誰であるかによって区別される問題ではないことは明白なわけで、とくに日本では介護保険で高齢者の場合に関心が偏る傾向があるので、そもそも介護者支援とはどのように位置づけられるべき問題であるかをここで確認しておきたい。もう一点ここで付言すると、介護者支援は言うまでもなく地域社会で在宅生活をする要介護者を介護している人たちへの支援となるから、要介護者は高齢者と障害児者の両方を含むことになる。次章のホワイトホース市の例からもわかるように、地域在宅サービスはその方向に統合されていく。高齢者は高齢者、障害児者は障害児者と分けているのは、制度的にもサービスシステム上でもまだ過渡期にあることを意味している。日本の介護保険は、オーストラリアの方式とはかなり異なる。内容面もさることながら、考え方の違いが大きい。介護保険では要介護度に応じた月単位の限度額の範囲内にレスパイトを実質的目的とするショートスティを含むことができるということだから、並立ではない。

さて、こうした点を確認の上で、日本との比較がしやすいように高齢者の場合に関してみていくことにする。筆者が示した類型でいくと、オーストラリアの介護者支援のサービスは分離並立型、日本の介護保険は統合補完型と言える。つまり、オーストラリアの介護者支援は、要介護高齢者用のレスパイトケアが別建てであるということである。だから、横断的な形がとられ、施設利用レスパイトにあたってはACATのアセスメントに基づき一人あたり年間で63日という利用枠があり、在宅レスパイトならHACCが対応し、さらに後述する地域配備の介護者支援センターが介護者の支援だけを目的としたレスパイトを提供している。

オーストラリアが介護者について包括的な捉えかたをするのは、現実の介護者が多様であるためである。要介護者は人数的には高齢者が多いとしても、介護者でみると年齢、性別、そして、先住民のアボリジニや南欧やアジア諸国などからの移住者のように文化背景などにおいても非常に多様である。例えば、男性の介護者の場合に懸念されるのは社会的孤立の問題であるし、若い母親なら母親役割として負担を当然と受けとめ限界まで自分で問題を抱え込んでしまったり、英語圏以外の文化背景の人々には「介護者」という考え方がなかったりという具合に、問題はさまざまである。介護者に限らず、多様性へのきめ細かな配慮はオーストラリアの特徴であるが、原則として確立されているため一般化の方向に展開しやすいのも事実である。どういうことかというと、多様性への配慮は年齢、性別、文化背景といった属性レベルにとどまるのではなく、それらを含みつつ確実に当該個人のニーズのレベルでの理解につながるのである。つまり、何々だからという媒介的発想ではなく、利用者個人のその時々のニーズに収斂させてケアを提供するのがもっとも合理的なのである。

レスパイトケアの拡大

レスパイトに対する連邦政府の姿勢は、このための予算が1996年度の1,900万ドルから2001年度の7,300万ドルへと約3.8倍に強化されたことからも十分うかがえる。この予算は連邦政府直轄の次の5プログラムに当てられている。①「介護者レスパイト・センター（Carer Respite Centre：後述）」を全国に80ヶ所以上設置しネットワーク化をはかる。ちなみに、2003年には91ヶ所に増えている。②これらのセンターに、主流サービス（mainstream service）内で提供されているレスパイト・サービスでは対応しきれない場合用に1,100万ドルのブローカレッジ予算を配分する。つまり、緊急時対応を含め、各センターは要介護者の必要性ではなくその介護者の必要性を判断しレスパイト・サービスを購入、提供するというマネジメントを行なう。③全国に9ヶ所の「介護者資源センター（Carer Resource Centre）」を設置し、介護者に情報提供や助言、相談を行なう。④認知症高齢者の介護者を主たる対象にしたサービスが100以上あるが、このうち認知症高齢者用に配慮されたレスパイト・サービスを400件以上提供する。⑤認知症高齢者の介護者支援に焦点をおいた試験的プログラムの実施、である。

これらは主流サービス（mainstream service）とは別立ての介護者支援だけを目的としたものであるが、それだけでなく連邦政府は主流サービス内でもレスパイト強化の予算化を進めている。例えば､連邦政府が責任を負う施設部門においてもレスパイト･サービスを拡充したり、HACC（実施主体は州だが、予算割合は連邦政府6割、州4割）内でも在宅レスパイトの重点化を求めている。

次にレスパイト拡充の動きを少し詳しくみておこう。施設レスパイトは1990年代にかけて拡充され、利用日数でみると1991年の337,020日から2000年の978,408日へと約3倍に増えている。とくに'97年改革からはレスパイト用ベッドの確保に力点をおいてきている。稼動の有無に関わらず常時一定数のベッドを確保するため、施設側にも経営メリットがあり、さらに短期利用のレスパイトでは入居者分類尺度のレベル指定の手続きが免除されるので施設レスパイトの利用を促進する柔軟な対応がとられている。また、利用者側にも促進化が図られており、所得審査や資産審査を受ける必要もなく、むろん入居一時金や入居料の支払いも不要である。つまり、施設側と利用者側にインセンティブを強化しているので、双方にとって利用しやすい形となっている。

施設レスパイトについて､'97年改革の前後にあたる1994年度と1999年度とを規模で比較すると、まず使用延べ日数で692,000日から992,858日へと43％の増加しており、補助額では3,900万ドルから7,500万ドルへとほぼ倍増、さらに延べ利用者数は22,500人から35,000人へと56％の増加となっている（Access to Respite Care の p.5）。

これらは実績比較であるが、連邦政府の力の入れ方は実はここに反映されている以上である。1999年度でみると、連邦政府は高ケア･レベル(旧ナーシングホーム)延べ利用可能総日数の2.56％、676,011日分、低ケア・レベル（旧ホステル）の3.48％、805,130日分、新設施設の3.48％、75,137日分の合計1,556,278日分に対して予算化していた。しかし、実績は992,858日であったわけで、全体で63.80%の達成にとどまっていた。予算に実績が追いついていないわけで、今後施設利用のレスパイトはいっそう拡大していくことが見込まれている。

連邦政府の政策意図を裏からみれば、高齢者ケア施設のベッドをレスパイト利用にできるだけ“転用”することで施設部門の総コスト抑制を狙っていることになる。

介護者資源センター（Carers Resource Centre）

介護者支援の組織には2種類があり、オーストラリアを構成する6つの州と準州（Northern Territory）のそれぞれにセットで設置されている。介護者支援プログラムの推進拠点として各州（準州を含む－以下同様）に1ヶ所設置されているのが「介護者資源センター」である。ビクトリア州では「ビクトリア州介護者協会（Carers Association Victoria）」という民間団体がその指定を受けている。フルタイム換算でスタッフが25名、他に常時10名ほどのボランティアが参加している。

介護者資源センターの活動は介護者への情報提供と介護者のネットワーク化に力点が置かれ、ビクトリア州を例にみるとその役割は次の5点にまとめられる。

①ケアライン（Careline）と呼ばれる無料電話サービスを開設し、介護者に必要な情報提供を行う。例えば、居住地域かその近くにある支援グループの紹介、レスパイトなど利用可能なサービスの説明やサービス事業者の紹介、受給可能な諸手当の説明、そしてカウンセリングなどである。つまり、介護者のための相談、連絡

Cares Vic

窓口として一本化されているので、とにかくその番号にかければいつでも相談できる形になっている。

ここでいうカウンセリングとは専門的カウンセリングのことで最高6回までは無料で提供される。電話の場合やこの協会事務所だけでなく、協会のスタッフが自宅訪問したり、地域によっては一般のカウンセラーと委託契約を結び対応してもらう態勢をとっている。これには、オーストラリアでも自分の介護問題やその大変さをオープンにするのをちゅうちょする人が少なくないという背景がある。

②介護者向け情報をコンパクトにまとめたもの（介護者支援キット）を無料で配布すること。介護ストレスを癒す音楽のカセットテープを始め、無料で配布するにはとても立派なキットになっている。ちなみに、これは英語以外の10の言語で印刷されている。ほかに、関連資料を16の言語で用意している。ちなみに、英語

を母国語としない人々への配慮はあらゆる政策に貫徹されていると言っても過言ではなく、高齢者のサービスにおいても同様である。必要に応じて通訳も提供される。そのキーワードはNESB（Non-English Speaking Backgrounds）で、この表現も覚えておくと便利である。

③介護者支援の啓発活動とネットワーク化である。これはスタッフが地域に出かけていき住民を対象としたワークショップやフォーラムなどを行い、介護者支援の重要性について広く理解をうながし、また実際に在宅で介護している人たちに集まってもらい自助グループの組織作りを働きかけている。

④介護者やサービス提供事業者や行政向け、そして、一般向けの研修や教育活動である。とりわけ介護者の経験している実態を広く理解してもらうための活動は重要であり、“スピーカーズ・バンク（speakers bank：講演者バンク）”と呼んでいる人材資源である。これは介護経験者をボランティアとして登録し、学校や市民団体、宗教団体などから講演の依頼があったときに話してもらう人たちを組織したもので、ビクトリア州介護者協会には約100人が登録されている。単なる経験談ではなく、依頼者の目的に応じたり、あるいは協会として強調したい部分を確認した上で人選をするので、内容というか質は高い。

最後は、⑤介護や介護者に関する図書や資料を収集し、来訪者、とくに相談にきた介護者や研究者や専門家が利用できるようにしている。一見してさほどの所蔵量には思えないが、介護者関連で重要な文献、調査報告書などは揃っている。

どれも重要であるがなかでも啓発活動とネットワーク化は地域社会に入っての取り組みであるため、その成果への期待が高い。

ビクトリア州介護者協会ではこれを community development と呼んでいる。毎年 10 月には介護者週間をもうけ、さまざまな行事を実施している。ビクトリア州全体で 252 の介護者支援自助グループが組織されており（1999 年 1 月時点）、地域での呼びかけには介護者資源センターのスタッフだけでなくその地域のソーシャルワーカーやナースたちも立ち上げ段階を中心に参加している。なお、アルツハイマー病（認知症）の介護者支援グループは介護者支援プログラムが強化される前から活動を始めていて独自のネットワークを構築しているので、その数はこのなかには含まれていない。

介護者レスパイト・センター（Carers Respite Centre）

介護者支援の中心的プログラムであるレスパイトのマネジメントを行うのが「介護者レスパイト・センター」である。先に連邦政府の予算拡充のところで説明したように、このセンターが介護者への情報提供、相談助言、そして、ブローカレッジ方式によるレスパイト・サービスの提供を行なっている。各州とも担当エリアを分けてそれぞれに設置されており、ビクトリア州では第 3 章の図３－１（60 頁）の 9 地区にそれぞれ一ヶ所設けられている。この点からも、このエリア区分が同州のサービスの基本になっていることがわかるであろう。なお、図３－１には各地区に配備されている ACAT の数を入れてあるので、再確認しておくと実際のサービスが地域的にどのような展開になっているかが理解しやすい。

州内でも地方にいくと受け持ち地区は広くなるが、人口が集中しているメルボルン一帯は東西南北の 4 ヶ所に分割されており、ここではそのひとつ、メルボルン西部地区にあるセンターを取り上げ報告する。正式名称は Carer Links West and Carer Respite Centre Western Metropolitan Region で、レスパイト・センター機能だけでなく組織上は情報提供や相談などを行う部門と並立の形をとっている。このセンターはビクトリア州介護者協会が運営母体になっている。連邦政府による「介護者レスパイト全国プログラム（the National Respite For Carers Program）」とビクトリア州政府による独自プログラム（the Victorian Carers Initiative）に基づいて設立されており、組織上はレスパイト・センター部分は連邦政府の補助金、他はビクトリア州の補助金に区分されるが実際の活動は一体で行われている。

先に述べたようにビクトリア州介護者協会は連邦政府によって各州に一ヶ所、拠点として設置された介護者資源センターのビクトリア州のセンターであるが、地域配備の介護者レスパイト・センターまで運営する責任はない。にもかかわらず、同協会が競争入札に参加して実際のレスパイト・センターを運営するようになった背景には、介護者資源センターとしての役割を効果的に果たしていくためには介護者に直接支援を提供するレスパイト・センターの運営経験が重要であるとする方針決定があったという。

さて、高齢者に限らず障害のある人を在宅で介護しているメルボルン西部地区の住民は、直接このレスパイト・センターに連絡し、情報提供や相談のほか、必要に応じてレスパイトのサービスをアレンジしてもらうことができる。その判断とマネジメントはこのセンターのスタッフが行うが、センターは実際のサービスまでは行わない。相談援助とそれに基づくレスパイト・サービスのケアマネジメントだけである。後述するように、このセンターもブローカレッジ予算として年間16,000ドルを連邦政府から受けている（1999年実績）。そして、この範囲内で必要と判断した介護者に対して、必要な期間、レスパイト・サービスを提供するためのマネジメントを行なう。日本にはない形態なので念のため繰り返すと、これはレスパイトを中心とした介護者支援だけのためのセンターである。つまり、要介護者のためのサービスではなく、その人を介護している人へのサービスなのであって、要介護者はすでに別途必要なサービスを受けていることが前提となっている。あるいは、仮にその時点で要介護者が十分な公的サービスを受けていない場合には、このセンターが関連機関に連絡しサービスが受けられるように働きかける。支援の対象を介護者におき、介護者役割ができるだけ継続できるようバックアップする。

ところで、レスパイト・センターの存在を知っていて自分で連絡してくる介護者もいるが、制度が始まったのが1997年からのため、訪問看護サービスやHACCを担当している地方自治体などからここを紹介されて連絡してくるケースが少なくない。逆の視点から言えば、通常のサービス提供機関は要介護者に責任を負い、その介護者について問題を感じたり気になることがあればレスパイト・センターにつなぐことができるのである。

介護者の定義は先に述べたように非常に包括的であるが、レスパイトのニーズの判断も驚くほど柔軟である。大雑把でもありおおらかでもあるのだが、翻って考えると制度のための発想からではなく実際の介護者の側にたって形作られていることに改めて気づかされる。行政に対して、また市民意識などにおいても、それなりの問題はあるにしても基本的な信頼感があるからではないだろうか。素朴なまでにサービスを受ける人間の側に制度を近づけようとする点はオーストラリアのアプローチの特徴である。

例えば介護者には家族でなく友人や近所の住民なども含まれるので、その役割度合いに応じて主介護者と二次的介護者の区分を用いている。介護者と認められるには、同居者である必要もない。こうした包括的な方針であっても、レスパイト・センターを利用する介護者は要介護者がすでに他でアセスメントやサービスを受けているので、ケースごとに誰が介護者となっているかの判断で誤ることはないという。

レスパイト・センターの構成と役割

メルボルン西部地区を受け持つこのセンターは1997年から３年間の契約により、民間非営利法人であるビクトリア州介護者協会（Carers Association Victoria）が連邦政府と州政府に対して入札競争により受注して運営し、その後も継続受注してきている。筆者が訪問調査をしたときは最初の契約期間のほぼ中間点を過ぎた頃であった。

このセンターが支援を提供しているのは、認知症を含む要介護高齢者、精神疾患のある人、０歳から65歳までの障害児者（具体的には知的障害、身体障害、感覚機能障害、後天的脳障害、慢性疾患など）の介護者たちに対してである。さまざまな情報提供、相談援助のほか、施設レスパイト、在宅レスパイト、ディセンター・レスパイトの３種類のレスパイト・サービスのマネジメントを行なっている。この他、登校前と下校後、キャンプや休暇中のプログラム、介護者のためのレクレーション活動や地域での啓発活動なども含まれている。

職員は全部で 9 名。事務管理職と保健専門職（保健師）の 2 名は連邦政府の補助金によるスタッフで、保健専門職にはサービス購入用にブローカレッジ方式による年間＄16,000 の予算がついている。

それなりの規則はあるが、総予算の枠内であればどの利用者にどの程度の予算を使うかは請負った機関の裁量の範囲内である。ただ、連邦政府と州とでは州の方が厳格な運用を要求するようになっているそうで、例えば、ひとりの利用者の上限を年間＄1000としている。連邦政府の方は柔軟な立場をとっている。

ブローカレッジ方式では予算の総枠管理が非常に重要となるから、この点に関しては話のなかでも緊張感が感じられた。予算管理は利用者ごと、ケアマネジャーごと、そして、センター全体のそれぞれのレベルで行われ、執行状況が月末ごとに確認される。こうした点は先に述べた COP や CACP の場合と同様である。

このセンターの保健専門職は担当地区内の病院やナーシングホームの協力を得て、どこの施設にレスパイト利用で何人分の空きベッドがあるかをほぼ毎日把握していて、その一覧はイントラネットの形でこのセンターのホームページで閲覧できるようにしている。利用希望者は事前に登録して、パスワードを取得しておけば自宅のパソコンでその情報を得られる。提供される情報は空ベッド数だけではなく、運営主体、レスパイトのサービス種類、利用形態（男性単身、女性単身、性別を問わず単身、夫婦、家族に分けられている）、備考欄（高齢者、知的障害者、精神障害者など受け入れ可能な利用者特性）ごとに一覧表になっている。したがって、このサービスにアクセスすれば、近隣のどの病院やナーシングホームにいくつのレスパイト用ベッドの空きがあるかが自宅からでもいつでもすぐにわかることになる。むろん、実際に利用するには介護者レスパイト・センターに相談して必要性が認められなくてはならないが、利用者のためのきめの細かい情報提供である。1997年からの開始であるから、こうした情報ネットワークの構築から始めなくてはならなかった。

一方、他の7人のスタッフはビクトリア州からの補助金で採用されている。このうち介護者支援のワーカーが3名で、この人たちは一人ずつ年間＄5000、合計で＄15,000のブローカレッジ方式による予算枠を持っている。先の保健専門職の持っているブローカレッジ予算とは別枠である。地域に出向いて介護者と直接やりとりをするのもこの人たちの仕事であるが、要介護者の方は通常すでにケアマネジメントを受けてサービスを利用しているので、彼女たちが判断するのは介護者にとってのレスパイトの必要性についてであり、予算枠はそのためにだけ用いる。ひとりが受け持つケースは介護者50～75人であり、当然だが要介護者を対象とするケアマネジメントの場合よりも多い。

他のスタッフは、介護者問題についての地域イベントの企画や一般住民への情報提供を担当する人や、インターネットでの情報提供システムの担当、その他は事務関係である。また、このセンターにとくに配置されているスタッフとして、精神保健のワーカーが1名含まれる。

このレスパイト・センターの調査で感じたことは、介護者支援のプログラムを動かしている大きな力が実はネットワークに基づく情報提供と、介護者のためのケアマネジメントと予算方式としてのブローカレッジ方式の組み合わせの有効性であった。情報が具体的なサービスや人を確実につないでいるという面と、やはり人で決まるというか、最終的に情報を生かすのは、介護者のおかれた複雑な状況を独自に判断しレスパイトを含め具体的支援を調達するケアマネジャーたちであるということであった。

この点はインタビューで、このセンターの代表が強調した点でもあった。情報提供や相談援助という表現では表しきれない意味の深さが、実際の介護者のためのケアマネジメントにはある。それは何よりも、介護者の抱える問題の多様性と複雑さ、また、それゆえに的確な理解が重要となる深刻さのためである。単なる介護疲れではなく、経済的問題から虐待のように非常にセンシティブな問題まで、そして、要介護者と介護者との関係性の問題まで反映されてくるからである。

ケアリンク・センター（Carelink Centres）

これは高齢者ケアサービス全般について効果的に情報提供を行なうべく連邦政府が1999年度より全国的に設置を始めたセンターである。共通の無料電話サービスで全国どこでも同じ番号にかけられる。問合せ先を探す負担を軽減し、ひとつの窓口でまずすべて対応しようとする点に特長があり、single point あるいは single point entry と呼ばれている。この方式は実はケアリンク・センターだけではなく地方自治体などでも採用されていて、オーストラリアの特徴と理解できる。当事者やその家族などに立場で、もっとも容易にアクセスできる方法である。

提供される情報は、保健専門職、一般開業医、その他のサービス事業者などについてであり、利用可能なサービスの種類や連絡方法、待機者リスト情報など要介護者やその介護者を地域のサービスネットワークにつなぐ。

2001 年 4 月から設置が始められたが、2002 年 6 月時点で全国 54 地区に無料電話サービスと 65 ヶ所の出先事務所が開設されている。また、過疎僻地にも 90 以上の電話などのアクセスポイントが整備中である（AIHW,2003,p. 295)。

介護者への金銭補助制度

介護者に直接金銭を補助する制度には 2 種類があり、介護者報酬（Carer Payment：以前は介護者年金、Carer Pension と呼ばれていた）と、介護者手当（Carer Allowance）である。

まず、介護者報酬から説明すると、これは介護の責任を負っているために就労ができない介護者を対象に所得保障を行う制度で、高齢者年金と同額であり、同様の所得および資産審査がある。2002 年 12 月現在、全国で 71,210 人が介護者報酬を受けており、このうち 26,333 人が 65 歳以上の人の介護者である。さらに、26,333 人のうち 1,129 人（4％強）は介護者自身も 65 歳以上である（AIHW,2003,pp.287)。支給額（1999 年実績）は完全支給の場合、単身者で 2 週間分が＄361.40、夫婦では＄301.60 である[2)]（AIHW,1999,pp.200-201)。

もう一つの制度である介護者手当（Carers Allowance）とは高ケア・レベル、つまり、ナーシングホームレベルのケアを必要とする人を在宅においてフルタイムでケアしている介護者に支給されるもので、要介護者との同居が条件である。何らかの公的年金や他の手当を受給しているかどうかに関わらず支給され、資産審査の必要もなく、またこの手当は課税対象とはされない。ただ、当然であるが要介護者はACATのアセスメントを受け、高ケア・レベルの認定を受けていることが条件となる。ここでもACATが関与している。

高齢者ケア全体支出に占める割合は第2章の表2－2に示されているように、1999年の訪問看護手当・介護者手当部門の合計が2.9％で、それなりの規模となっている。傾向としては1995年以降でみても漸増している。1999年1月現在オーストラリア全体で約49,000人が支給を受けていて、このうちの75％が65歳以上の人を介護している。このグループのうち75％は介護者自身が60歳以上である。2001年のデータでは、全体で68,683人とこの2年間に急激に増加しているが、これは在宅看護手当（Domiciliary Nursing Care Benefit）の受給者が介護者手当に含まれるようになったという制度変更による。2001年の支給額は2週間で$82.00である。全体の69％の受給者が女性である。また、高齢女性を介護している受給者は65歳以上の男性（39％）か45－64歳の女性（31％）であるのに対して、高齢男性を介護している受給者では65歳以上の女性（66％）か45－64歳の女性（24％）という傾向にある。

2003年では2週間で$87.70と2001年実績よりも若干増額されている。2002年12月時点で294,806人が介護者手当を受給している。65歳以上の人を介護している介護者の過半数、56％は介護者自身も65歳以上である（AIHW,2003,p.287-288）。

参考文献

Australian Institute of Health and Welfare,1999,*Australia's Welfare 1999;*

Services & Assistance,Australian Institute of Health and Welfare.

Australian Institute of Health and Welfare,2003,*Australia's Welfare 2003*,Australian Institute of Health and Welfare.

Carers Association Victoria,1998,*Putting Carers In the Picture: Improving the focus on carer needs in aged care assessment*,Carers Association of Victoria.

Department of Health and Aging,2002　Access to Respite Care,Australian Government.

Twigg,Julia and Karl Atkin,1994,*Carers Perceived: Policy and Practice in Informal Care*. Taylor & Francis.

第7章　強制的競争入札制度（CCT）の顛末

強制的競争入札制度（CCT: Compulsory Competitive Tendering）とは、ビクトリア州で1994年から2000年まで施行された行政改革策であって、州内の地方自治体すべてに対して行政が行っている事業やサービスを一定の割合で、民間営利事業者、民間非営利事業者、行政事業部門による競争入札で決めることを義務とした、かなりラジカルな政策のことである。特定の事業やサービスではなく、地方自治体の行っているすべてがその対象とされた。1994年度は全体の20％、1995年度は30％、そして1996年度とそれ以降は50％以上という条件が州法によって達成義務とされた。ただ、どの事業あるいはサービスを入札対象とするかは各自治体の判断に任され、また、50％を越えてさらに高水準を達成しても特別なメリットがあるわけではない。

筆者が最初のフィールドワークを行った1998年の時点で、50％以上という条件を達成できていない自治体は75あるなかの3自治体ということであったから、マクロ的にみればこの方式は定着しつつあるように思われた。高齢者サービスを含めヒューマン・サービス領域において競争入札の義務化が大きな影響を与えたのは、単に達成比率の問題ではなかった。むしろ、それまで自治体は直接サービスを提供するか、委託の場合でも委託先を独自に決定できていたのだが、この方式により庁内の事業部門も一入札者として、民間の営利・非営利事業者と同一基準に基づいて競争入札に参加しなくてはならなくなったということである。つまり、市役所内の現業部門（in-house service と呼ばれている）であっても入札に参加し勝たないことには仕事を民間事業者に取られるという状況におかれることになった。

言うまでもなく競争入札は公平に実施されなくてはならないし、とりわけ法律によって強制的に導入されたのであるから、競争原理を保証するため公平性と透明性は至上課題とされた。市役所の組織も変更され、それまで同一部門であったところが現業部門とサービス立案調達部門に分離された。「事業者－購入者分離方式（provider-purchaser split）」と呼ばれているものである。重要なことはこれが組織上のことだけでなく、分離した両部門間の意思疎通が制度的に制限されていったということである。なぜなら、市の現業部門は民間事業者と同基準で入札しなくてはならないのであるから、同じ市役所だからといって有利になると判断される情報を購入部門から得ることは禁じられたからである。購入部門は公平、中立でなくてはならないから、入札参加者のあいだでの情報の非対象は制度の信頼を失うことにつながる。

行政改革と強制的競争入札制度

日本ではあまり知られていないが、ビクトリア州はオーストラリアのなかでは行財政改革に果敢に取り組んできた州であり、その徹底さはこの点では世界的に知られている隣国、ニュージーランドに匹敵すると言ってよい。1992年に誕生したケネット知事政権は財政再建に取り組む必要性に迫られ、規制緩和、民営化、州資産の売却など一連の改革に着手した。その一環として1994年から強制的競争入札制度も導入された。州法によって競争入札を義務とした州はビクトリア州だけである。また同時期に、地方自治体の合併統合化というもうひとつの大きな改革が進められた。大型化により地方自治体の行政力を総合的に強化することを目的とした改革で、承知のように日本でも「平成の大合併」として実施された。

地方自治体にとってみれば強制的競争入札制度が導入された1994年は、合併統合化により210の地方自治体を78に再編進行中の時期であり、新自治体にはまだ選挙で選ばれた議員はおらず州知事が任命した市長[1)]が暫定的におかれていた。したがって、この制度導入に関して地方自治体側は事業計画を除くと独自の裁量余地はほとんどなく、要は適切に執行することが期待されていたにすぎなかった。州政府とすれば地方自治体改革を強力に進めていた時期であり、情報の流れも一本化できたのでこのような大胆な政策をとることが可能となったのである。逆に言えば、地方自治体は抵抗する力が準備できなかった。オーストラリアは州の力が大きく市町村にあたる地方自治体の行政力は日本と比べるとずいぶんと弱いのだが、この時期のビクトリア州の地方自治体は状況的にはさらに脆弱化していたということである。したがって、競争入札制度はケネット知事によってトップダウンで進められたことになる。

州政府はこの制度の導入理由を、次のように表明した。地方自治体が行う諸事業に関して費用効率の改善と説明責任を高めること。そのために市議会はこれまで以上に慎重にサービス事業計画を立て、最良の実践（best practice）を行うべきであるとされた。言うまでもなく、「最良の実践」は公民を問わず事業者間のオープンな競争により最低価格か、あるいは最も良い費用効率で達成可能であるためとされた。

競争入札はビクトリア州地方自治体法（Local Government Act）の第208条で10項目から規定された。そのうち競争プロセスに関する項目の骨子をみておこう。地方自治体は各会計年度終了後の適切な時期に次の年度の競争入札対象事業計画を策定し、市議会の承認を経て公示しなくてはならない。この計画は必要とされる諸事項を含み、所定の書式でまとめられる。入札業者はこの公示を見て参加するのであるが、過去の実績などから自治体側が入札参加を勧める場合もある。入札は基本的に書面で提出されるのだが、契約金額によって多少の柔軟性がある。たとえば、$5,000以下の場合には、少なくとも3つの入札がなくてはならないが、口頭でもよいことになっている。その際に、口頭入札者の氏名と発言内容は公式記録とする。$5,000以上$50,000未満では入札成立には3入札以上が必要で、かつ書面での提出が求められる。ただし、抵触する規則がない場合には、文書でなくてもよく、また詳細まで記載されていなくてもよいとされる。

こうして始まった強制的競争入札制度であったが、わずか6年後の2000年12月に撤廃となる。個人的にもカリスマ性があり非常に大きな政治的影響力を保ったケネット知事がおおかたの予想に反して1999年の選挙で敗北し、労働党の州知事に取って代わられたからである。したがって、私たちの関心からすればこの政策の評価をしやすくなっていると言える。いったい、こうした急激な政策導入に地方自治体はどのように対応していったのか、そのなかで何を得、何を失っていったのか。次にフィールドワークを集中的に実施したホワイトホース市について、こうした点をみていこう。

ホワイトホース市の強制的競争入札

これまでも触れてきたように、ホワイトホース市は東部メルボルンエリア内に位置し、ビクトリア州でもっとも高齢化している自治体である（図３－１参照）。人口約 14 万人、メルボルン中心部からは約 15 キロの距離に位置する。1981 年からの 10 年間に 60 歳以上の住民の比率は同市在住者の 14.1％から 18.5％に急上昇している。統合合併化により 1994 年 12 月にボックスヒル市とヌナワンディング市と共に構成された自治体である。したがって、同市が競争入札の準備をしなくてはならない時期は知事任命の市長と、新規に採用された最高執行責任者（CEO）、それに若干の管理職が執行部を形成してさまざまな準備に従事していたときでもあった。

市は庁内に対策委員会を設け 3、4 ヶ月をかけて、市の事業のうちどの部分を入札対象とするかを検討した。まず基礎作業として全事業の見直しが行われたが、コミュニティ・サービス部門は最初から入札対象とされた。とくに最初に決定されたのが保育センター業務であった。これは、サービスの事業内容がはっきりと把握されていたことと、市役所には運営管理的役割の職員がいるだけで保育所自体は市内他所に設置されていたからである。高齢者と障害者のサービス部門は全体の流れのなかでとくに早く名乗り出たわけでも、またとくに遅かったわけでもなかった。ただ、高齢者や障害者の場合を含めヒューマン・サービス部門はそれまで競争入札の対象とされたことはなかった。

準備態勢のとれた部門から入札の名乗りを挙げていったのだが、その判断は各部門の責任者（managers）が下した。入札制度の負荷点は部門責任者のマネジャーたちに集中するから、なかには準備状況だけでなく政策的判断で入札に参加した部門もみられた。つまり、あまり準備を慎重にしていると外部の他の入札候補も準備が整うから民間の競争相手がはっきりする前に庁内の現業部門が参加すれば成功が見込めた場合などである。実際、参加時期が遅れて厳しい競争にあった部門もあった。

結果的に、市は保育サービス、妊婦・乳幼児健康サービス、食事サービス、訪問看護サービス、高齢者・障害者サービス、特定在宅ケアサービスを入札対象としたが、これは市のヒューマン・サービス総予算の70％に相当する規模となった。これらのうち市が直接サービス提供（in-house service）をしてきた部門は入札に参加しすべてが落札に成功したから、実質的はサービス体制には大きな変化は生じなかった。その一方、ホワイトホース市は市が直接運営している4ヶ所の高齢者施設は入札対象としなかったのであるが、これらは事業体組織（business units）として編成し直し、事業の独立性を明確にするとともに将来的に入札対象としやすい体制を作った。

市の職員の反応

ホワイトホース市は州政府の規定した年次割合にそって進め、

1996年度で全体の50％以上という条件を達成したのであるが、当初の最大の課題は市職員の動揺であった。動揺の程度は一般の職員と中間管理職とで差があったが、とくに動揺が大きかったのは後者であった。全体として、職を失うのではないか、あるいは、そこまでいかなくても給料が下がったり勤務条件が悪くなったり勤務のパターンも変わるのではないかといった不安が強くみられた。とりわけ先行する自治体の事例が参考とされたから、極端な例が注目されたりした。たとえば職員が30％も入れ替わったところもあったが、ホワイトホース市では結果的に退職者は５％にとどまった。なかには入札に勝っても将来的な不安定さを感じて転職した人たちもいた。

ただ、こうしたことがらは初期現象と言ってよく、1998年時点では定着し職員の動揺も見られなくなっている。ヒューマン・サービスでみるとマーケット自体小さいという現実がある。民間と比べても給与面で遜色はないし、同種の民間事業体の方が勤務条件などにおいてもむしろ市よりも厳しいからである。つまり、市の方が安定した雇用先であるという評価が相対的に浮上してきた。

ただ、ホワイトホース市では実際に起きなかったが、仮に市の現業部門が入札に破れたとしても落札した民間業者は市の職員を雇用することが契約条件とされる。これは救済策の一面もあるが、ヒューマン・サービス事業自体マーケットとしては小さく働く人材も限られているので落札した側にもメリットがある。雇用機会の継続的確保を実質的に促すわけだが、待遇面でも同等というわけではない。

労働組合は、どのように対応したのであろうか。よく知られているようにオーストラリアは“労働者天国”とも言われ、労働組合の力は強い。強制的競争入札に対して、自治体によっては組合と協定を結んで対処したところもある。ホワイトホース市では強制的競争入札制度導入に対して労働組合は有効な対策をとれず組合員の失望に終わったと言われている。以後、組織率も落ち、脱落者も多くなった。市の執行部は説明会の開催を精力的に行ったが、組合の抵抗としてはそうしたミーティングへの出席者が少ないといった程度であったという。最初は反発や怒りが向けられたが、職員向けにカウンセラーを採用したり、外部のコンサルタントと契約し庁内の現業部門の職員向けに入札書類の作成法の勉強会を設けたりした。

1998年にインタビューした市幹部のひとりは、初期段階の不安定な雰囲気がおさまり、一般職員、中間管理職ともに以前に比べるとはるかにマネジメントの力量がついているとみていた。なかでも中間管理職層の定着率が同市ではとても高いので有機的、機動的なチームワークができる点を強調していた。競争入札の波を切り抜けていくには組織としての効果的な対応が要請され、それには中堅層の連携と相互信頼が重要となる。しかし、このレベルの転職率が高くなると人間関係が安定するまで時間的ロスが生ずるからだと言う。

入札後

落札した事業は契約期間3年、さらに2年間の延長が可能であるから、最長5年間となる。契約期間が終了すると、再び競争入札により事業者が決定されることになっている。事業者が交代する場合には、事業開始までに3カ月の準備期間を設けることになっている。1998年の調査時点ではまだ多くの事業は契約期間内であり、再入札はほとんど現実化していなかった。とはいえ、マーケットは小さく、事業者の規模も小さいので、再入札になると落札額が上がるのではないかという予想は指摘されていた。

一方、民間営利事業者が資本力にまかせて参入し最初に採算割れの低額入札で落札し、他の事業者が駆逐された後で独占化するのではないかという心配も始める前には指摘されてはいたが、フタを開けてみれば実際にはそうしたことは起きなかった。ちなみに、ホワイトホース市ではヒューマン・サービス領域での営利事業者は一社だけであった。これは同市がマーケットとして小さいため、営利事業者が公的現業部門、非営利民間事業者と競争しながら、なおかつ収益を上げていくのがきわめてむずかしいためである。ビクトリア州では伝統的に行政と民間非営利団体がこの領域では大きな役割を果たしてきたという一面もある。市として新たに心配しているのは、落札した営利事業者の事業内容に市が不満であったとしてもよほどの理由がない限り何もできないことであるという。たとえば、スタッフの技能に問題があったり、人材が不足するとそのまま下請けの形に移行したりする例があげられる。

むしろ、問題は、数人程度でサービスを提供してきた小規模の事業者の入札参加をどのように保証するかにあり、多く見られる形態としては連合組織（peak organizationと呼ばれる）を構成するものである。高齢者サービス領域はそれほどでもないが、こうした傾向はとくに小規模事業者の多い子どもや青少年を対象としたサービス領域に見られる。それでも連合組織で落札することはむずかしいのだが、大企業は参入していないので連合化により入札参加事業者数が限られ、結果的に競争の意味が発揮されないという展開にもなっている。そのうえ、こうした小規模団体の連合組織ほど入札の準備に必要となるかなりの量の事務作業や費用、時間が大きな負担となってきているのも事実である。

強制的競争入札制度の趣旨からして、結果として自治体の現業部門が入札で民間事業者に負けることが起こり得るのであり、ホワイトホース市ではないが他市ではすでにみられている。ただ、全体でみればそうした事例はごく少数であり、しかもその場合であっても先にみたように実際に事業に従事する人たちには“救済策”が用意されている。もっとも、どのみち人材が豊富なわけではないから、この方法は落札事業者にとってもメリットがあるのだという。なかでも一番のメリットは仕事のなくなった職員を抱えなくてすむ地方自治体であることには違いはない。こうした背景には、日本の公務員と異なりオーストラリアでは公と民のあいだでの転職移動は日常的に行われているという事情がある。

次に、事業者 - 購入者分離が実際には庁内でどのように行われていったのか、その結果残された諸課題、そして強制的競争入札制度が廃止されてからの変化を中心に述べる。

利用者の反応

サービス事業者が強制的競争入札によって決められることについて、開始前や直後では利用者にさまざまな不安があった。たとえば、同じスタッフが来てくれるのか、サービスの質の低下にならないのか、大手の会社が採算割れを覚悟で入札してその後で人件費を抑制し結果的にサービス水準が維持できなくなるのではないかといった内容であった。あるいは、契約期間が終了し再入札の結果別の事業者になったりすると、契約切れがはっきりした後も最後までちゃんとサービスを提供してくれるのだろうかという不安や、そうしたときの事業者間の引継ぎへの懸念も指摘された。こうした指摘にもかかわらず、まだ始まって間もないことも関係しているのだろうが、とくに大きな混乱が起きたという話は聞かなかった。

ただ、結果的に大きな混乱は起きていないにしてもサービス供給における強制的競争入札という新方式の導入は、利用者にとっては影響力を行使できるわけでもなく、言わば蚊帳の外に置かれた形となった。また、入札を行うためにサービスの定義や範囲などが厳格に規定されたため、それまでのボランティアの活動が阻害される可能性が生じ、そのための措置として、例えば食事の準備は入札対象としたが実際の配食は対象から外すといった切り分けを行うことで、ホワイトホース市はこの問題に対処した。

庁内組織分離の実際

すでに説明したように強制的競争入札制度の導入により地方自治体はサービス提供の現業部門と計画立案・サービス購入部門を組織上分離することになった。そして、現業部門は民間の営利・非営利事業者と同一基準で競争入札とするため庁内での両者間の情報交換は限定されるようになったのである。ホワイトホース市もその方向で組織改正を行ったのではあるが、筆者が調査で訪問した1998年秋はちょうど過渡期であった。同市は組織分離を

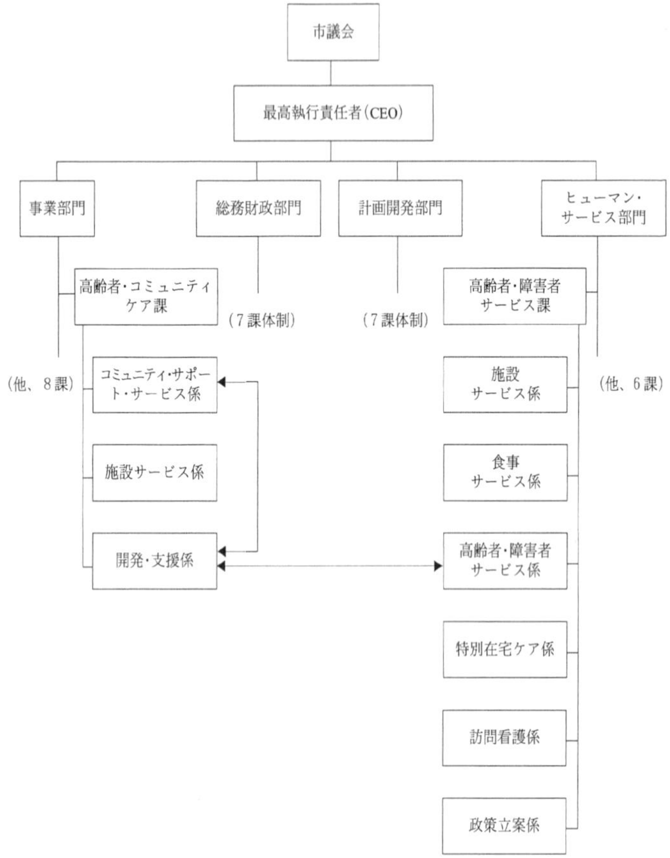

図7－1　ホワイトホース市組織概略図

行いながら、その一方で現業部門内をサービス提供グループと計画・モニターグループとに役割を分け試験的に機能分化を行っていた。

言葉の説明では分かりにくいので、このときの組織図を示そう。まず議会のもとに市が雇用する最高執行責任者（CEO）が位置し､その下に「事業部門（Operations)」「総務財政部門（Corporate Services)」「計画開発部門（City Development）」そして「ヒューマン・サービス（Human Services)」部門の４部門がおかれている。これらはそれぞれ９課、７課、７課、７課から構成されている。ポイントは、直接サービスとして実施していたものをすべてひとまとめにして事業部門とし、他の部門と分離させた点にある。言うまでもなく、サービス提供が事業部門、供給計画の立案と購入がヒューマン・サービス部門の担当である。

高齢者サービスについてみると、実際にサービス提供にあたっているのが事業部門の９課のひとつである高齢者・コミュニティケア課である。そして、計画・購入を担当するのがヒューマン・サービス部門の高齢者・障害者サービス課である。基本的にはこの両課の関係であるが、それぞれ係に役割分化していて、前者はコミュニティ・サポート・サービス係、施設サービス係、開発・支援係の３つの係から、また後者は施設サービス係、食事サービス係、高齢者･障害者サービス係、特別在宅ケア係、訪問看護係、政策立案係の６つの係から構成されている。

施設サービスについては先行して部門分離が行われていたが、在宅の方は複雑であるため現業部門内での機能分離からスタートしたのである。つまり、高齢者・コミュニティケア課内で開発・支援係が在宅サービスを担当するコミュニティ・サポート・サービス係をモニターするという関係である。年度を通してのサービス計画と購入はヒューマン・サービス部門の高齢者・障害者サービス課が担当しているから、開発・支援係はそこと在宅サービスを実際に提供している係との間に位置しているわけで、これが先に述べた過渡期の意味である。偶然ではあったが、筆者が 1998

年秋に初めてインタビューで市役所を訪問したとき、「明日から、開発・支援係は高齢者・障害者サービス課に組織移動する」という説明を受けた。

ホワイトホース市の在宅サービスの場合

次に、高齢者・コミュニティケア課の開発・支援係に注目してみていこう。

復習になるが、ホワイトホース市はビクトリア州全体でみても、高齢者へのサービス提供を活発に行っている地方自治体である。ナーシングホームを直接運営するなど施設サービスにも力を入れている点も特徴的である。ここでは在宅サービス制度の中心であるHACC（地域・在宅ケア事業：Home and Community Care）について説明していく。むろん、第5章で述べたようにホワイトホース市はHACCとは別に、施設入居代替策であるCACPも提供しており、利用者からみたサービス利用の流れは異なる部分があるが、市としてのサービス調達に関してはHACCもCACPもとくに違いはない。つまり、これらの制度で提供されるサービスをどのように調達するかという供給サイド側の話であり、利用者である住民やその家族には分かりにくいことである。

ホワイトホース市は強制的競争入札制度が導入され、それに伴う庁内組織分離が必要となる約2年前から市独自の在宅サービス・システムを開発していた。1995年の2市合併によりホワイトホース市が誕生したときだったため、実務面でも新しいシステムを導入するよい機会であったためでもある。開発・支援係はこのシステムの流れに沿って活動をしている。

このサービス・システムは6つのステップで成り立っており、チャートでまとめられている。ステップ1は、サービス利用の希望者本人やその家族からの問い合わせである。このステップの特徴は問い合わせをひとつの窓口（single entry point）としている点であり、開発・支援係が受ける。問い合わせ先の一本化は市民には分かりやすいので好評であるという。他に、病院やACAT（高齢者ケア・アセスメント・チーム：Aged Care Assessment Teams）からの連絡で始まる場合もある。

ステップ2は、開発・支援係のスタッフがサービス申請者宅を訪問してHACCのアセスメント・マニュアルに準拠してアセスメントを行い､それをもとに係でケアプランを立てる段階である。なお、このマニュアルはかなり大きなファイルにまとめられている。

ステップ3は、立てたケアプランを同じ課の在宅を担当するコミュニティ・サポート・サービス係に伝える。コミュニティ・サポート・サービス係はサービスとのマッチング、つまり、ケアプランと利用可能なサービス資源との調整が行われ、実行案が作成される。ただ、コミュニティ・サポート・サービス係は回ってきたケアプランの内容を変更することはできないため、たとえばホームヘルプの人が足りなかったりするとその部分は提供できないので、しばらく待機（waiting）扱いとなる。

ステップ4では在宅サービスが実際に提供される段階で、当然開発・支援係のモニター関与が大きくなる。定期的に利用者宅を訪問し、サービスが適切に提供されているかどうか、利用者の反応などをみたり、サービス実施記録が請求書と一緒に提出されてくるのでその内容をチェックしたりして、サービス提供の全体的状況を把握する。モニター側の責任は第一に利用者個々のレベルでサービスが適切に提供されているかどうかの確認であり、次いで在宅サービス全体でみたときの需要と供給のバランスをとることである。その際、具体的には待機状態、つまりケアプランでは必要とされているがサービス供給ができていない部分の改善である。

要するに、開発・支援係は機関としてケアマネジメントをしていることになる。一方には利用者とコミュニティ・サポート・サービス係の世界があり、他方には計画・購入担当の高齢者・障害者サービス課から提示された年間サービス供給計画があり、その間の調整という責任をおっている。

この作業は実はかなり微妙な部分を含む。ケアプランに盛り込まれたニーズは、HACCのマニュアルによって確認されたものであるから、基本的には提供されるべきものである。その上で、プライオリティの高さに応じてサービス調整をすることとされている。サービスの種類と全体量は年次計画によって予め決められているので、基本的にはその総枠内での調整をしていくことになる。モニターはまず利用者個人ごとのサービス利用の記録、週単位での種類別、時間別サービス提供記録に対して、計画・購入部門の担当者（日本的に言うと、課長か係長）と現業部門の担当者（こちらも同様）とのあいだで毎週1回調整のための打ち合わせが持たれる。さらに、月例で両部門の調整会議が開かれ、これには部門の責任者（部長）が出席する。そして、3ヶ月に1回の頻度で最高執行責任者も出席する調整会議が開かれる。このようにレベルを分けながら、実績にもとづいてサービス種類の変更や資源の再配分などを行い、全体としての受給調整を進める。

開発・支援係は年次供給計画と購入実績の対比資料を分厚いファイルにまとめており、その時点、時点における計画達成状況と予算の執行状況をグラフにしていた。非公開資料ということで詳しいことは分からなかったが、実績モニターと受給調整が相当緻密に行われているという印象は強く残った。

さて、在宅サービスの流れに戻ると、ステップ5はサービス内容の見直し段階である。これも開発・支援係が行うのであるが、モニターの結果見直しとなる場合もあるが、通常はサービスに当たっているスタッフからの報告がきっかけとなる。サービス提供のスタッフは利用者の状態に変化があったときには開発・支援係に報告義務がある。むろん、利用者家族から直接連絡がある場合もあるが、何もなくても12ヵ月に1回は自動的に見直すことになっている。

最後のステップ6は、在宅サービスの終了段階である。施設入居や入院、あるいは死亡終了のケースが多いが、状態が改善してサービスが必要でなくなるケースもあるし、そうしていったんサービスを外れた利用者が再び利用サイクルに入ってくる場合もある。開発・支援係はステップ1から6までの利用者の流れを月単位で把握しており、たとえば1998年10月では新規利用が105件、見直しが約300件、そして、60件近くのサービス終了であった。

強制的競争入札制度の今後：1998年では

この制度が今後どうなっていくのかについて1998年の調査の際にホワイトホース市の幹部や担当者に質問したのだが、その反応は比較的冷静であった。ヒューマン・サービス領域では入札を強制するのは無くしたほうが良いという批判があり、強制ではなく、むしろ競争を強調した方が現実的であるという考えである。利用者にとってどの方式がもっともメリットがあるかという視点で判断することも重要である。また、イギリスのブレア政権が打ち出した「best value（単なる安さだけでなく、コストに見合ったサービスを重視する方針）」の考えが今後大きな影響力をもつのではないか、といった意見が示された。

あるいは、具体的な見直し点として、配食（meals on wheels）サービスのように現行の入札方式になってからサービスコストが上昇したサービスに対して料金の変動をモニターする必要性や、行政が独自の現業部門をもちサービスの実践的ノウハウをもたないまま事業者の管理だけに偏っていくことがはたして良いのかどうかという疑問も呈された。行政の現業部門はこの制度下では1事業者となるわけだから、その経験が政策に活かせなくなることへの疑問であった。

そして、最後に、次の選挙で州知事が変わればこの制度もどうなるか分からないという話で一致していた。

一方、民間の非営利事業者からは入札のための事務量の増加への不満が高まっていた。

CCTからBest Valueへ

1999年の州知事選挙でケネット知事は再選に失敗し、労働党知事が誕生した。そして、強制的競争入札制度は廃止された。根拠となっていた地方自治体法が同年12月に改正された。当該条項は次のように変更された。サービス提供においてはCCTを廃止し、代わりにBest Valueを求めることが地方自治体の責任である。そして、Best Valueの原則として6項目、その実施上の留意点として7項目、質（quality）とコストの基準に関して4項目などが新たに規定された。

主要な点に絞って要約すると、まずコミュニティのニーズが強調されている。地域や住民の声を反映させることが重視されている。サービスの提供は費用効率だけでなく質の観点から検討されなくてはならず、そのための基準を各地方自治体は設定する。この基準はサービスごとに達成結果（performance outcome）の形で設定されなくてはならない。

簡単に言えば、安さ第一主義の圧力にさらされてきた地方自治体が、それだけでなく地域の事情やサービスの質を考慮に入れられるように制度変更したのである。知事が変わることで政策が変わり、その手続きが州法の改正として行われるという世界を見せつけられると、民主主義、そして、その制度としての選挙がいかに大事な手続きであるかが理解できる。

再び、ホワイトホース市では…

選挙結果と政策変更の影響は単に州政府のレベルだけの話ではなく、地方自治体にも大きな影響を及ぼした。2001年8月筆者は約2年半ぶりにメルボルンを再訪したのだが、ホワイトホース市には前回の調査のときに情熱をにじませて進行中の改革を語ってくれた幹部職員も中間管理職の職員もすでに退職した後だった。行政部門と民間との間であれ転職が当たり前の社会だからと言えばそれまでだが、政策変更がここまで影響を与えていることは、上手い表現が見つからないが、筆者には新鮮ですらあった。短いとはいえ、ひとつの時代が終わり、次の舞台が始まったといった感じであった。

そして、2000年12月に現業部門と計画・購入部門に分離していた庁内組織は再統合され、以前のようにひとつになっていた。現業部門の在宅サービスの責任者にインタビューしたのだが、市の職員の立場からみると競争と価格の安さを唯一の基準とした入札方式が変わり、内容を重視するようになったから安心して働けるようになったという。自信の回復にもなり、それまで決められたことだけを責任として行ってきたのに対して、新しい課題に積極的に取り組むなど意欲的な姿勢がみられるようになった。

組織分離のもとでは緊張関係におかれた部署間の職員に相互不信や、一方のミスに他方が過剰に反応するといった悪影響をもたらし、コミュニケーションや人間関係上の諸問題もみられたという。そのため、組織統合も慎重に進め、まず準備として両部門の職員が参加する委員会を設置し作業を進めた。

流れの分岐点となったのは市議会が最高執行責任者（CEO）を交代させたことである。前職者はひたすら無駄を省き節約を強調し、コスト減を奨励したがその結果組織としても市役所はやせ細ってしまった。新しい職員を採用しようにも職場としてみると以前ほど魅力的でなくなったという。新しいCEOは職員教育や研修にも理解があり、ヒューマン・サービスの現業にいる職員は働きやすくなった。予算も増加されたが、急に市の財政が好転したわけではなく、CCT下では二重組織化していたので幹部職員数も多かったり、実際のサービスとは別に事務作業量が多かったわけだが、組織統合により結果的にこうした部分がスリム化され予算活用されたのである。

とはいえ、強制的競争入札制度の評価になると、ある時期にこの制度が必要であったという認識はひろくみられた。行政の非効率さがあったのは事実だし、一種のショック療法的政策としてその意義は理解されている。

最後に、Best Value の原則にしても具体的に示されているというよりは、実施の具体案は各地方自治体に委ねられているのでまだ不安定さが感じられた。競争入札自体が廃止されたのではなく強制でなくなったわけなので、自治体独自の判断で継続しているところもあるし､事業やサービスごとに行っているところもある。Best Value とは何をどうすることかを周知するために、州政府も精力的に研修会などを開いてきているが、その内実が明確になるにはまだ時間が必要であると思われた。

第8章　文化的多様性への対応

オーストラリアは移民の国であり、しかも現在進行形である。1998年の推計値でみると、1,875万人の国民のうちオーストラリアで出生した者が76.6%、海外出生者が23.4%となっており、大雑把にみれば4人に1人が移民である[1)]。言うまでもなくイギリス出生者がもっとも多くニュージーランド出生者を合わせると、海外出生者の約11%を占めている。しかしながら、とくに注目されるのは1970年以降の変化で2つの特徴がみられる。ひとつは、従来のイギリス、スコットランド、アイルランドからの移民に加え、大陸ヨーロッパからの移民が労働力不足のために必要とされたことである。その結果、ギリシャ、イタリア、ドイツ、旧ユーゴスラビア、オランダなどからの移民が急増した。もうひとつは東アジアからの移民で中国、香港、ベトナム、フィリピンなどからの移民増であり、この流れは1980年以降に顕著となる。こうした移民の多様化の時期は、オーストラリアが白豪主義から多文化主義へと国家理念を大きく修正した時期と重なっている。

したがって、文化的多様性への配慮と政策的対応はオーストラリアにおいてはプライオリティの高い課題であり、高齢者ケアも当然その対象とされている。この課題を象徴するキーワードはNESB（Non-English Speaking Backgrounds）で、英語を母国語としない国民、すなわち非英語圏からの移民を指す。民族・文化的（ethnic：

エスニック…以下、互換的に用いる）特性に十分配慮し、文化的に適切な対応が政策横断的に強調されている。言うまでもなく、中心となるのは母語での情報提供やサービス提供であり、文化的価値の尊重である。

非英語圏出身の高齢者数

非英語圏出身の高齢者（65 歳以上）の数は 1991 年国勢調査によるとオーストラリア全体で約 18 万人、高齢者人口全体の約 9.5%を占める。ビクトリア州でみると、高齢者総数約 47 万人のうち約 62,000 人（13.3%）が非英語圏出身者で実数、比率ともに他州[2)]を抜いている。さらに出身国別では、最大がイタリアで約 21,500 人、州の高齢者全体の 4.6%、以下概数を示すと、ポーランド 8,900 人、ギリシャ 6,500 人、オランダ 5,400 人、旧ユーゴスラビア 5,300 人、ドイツ 5,000 人と続く。

非英語圏出身の移民は民族的、文化的背景ごとにコミュニティを形成するのが一般的なパターンであり、高齢者ケアの問題はそうしたエスニック・コミュニティと切り離せない。家族での移住のケースもなくはないので移住時に高齢者がいないわけではないが、移民の中心は若年齢層であるから高齢者問題が顕在化してくるまでには一定の時間が経過してからである。そして、その頃までには独自のエスニック・コミュニティは形成されている場合が一般的である。というか、高齢者の問題は彼らのコミュニティの責任として受け取れられる傾向が強い。とくに東アジアは言うまでもないが東ヨーロッパや地中海地域からの移民の文化でもこの点が重要視される。

加えて、非英語圏からの移民がすべて同時期にオーストラリアに来たわけではないから、移民の時期によって民族的コミュニティによっては高齢者ケアの問題の顕在化には時間的ずれが生じている。例えば、ビクトリア州では最初にイタリアからの移民世代が高齢期に達しているし、続いてギリシャ出身移民が高齢化しつつある。しかし、連邦政府と州政府のレベルでは、移民世代が一生を終えていくと次世代以降はオーストラリア社会に同化していくのでエスニックな背景についての特別な対応はやがて必要でなくなるという立場を取っている。

東アジアからの移民の場合、将来的にはたしてこの前提が成立するのかどうかは疑問ではあるが、それまでにはまだ時間的には相当ある。この政策前提は当面、ヨーロッパからの移民を対象としているのである。つまり、移民世代には民族的、文化的背景を考慮したケア方式を取るが、それは限定的なものでありいずれは主流システム（main stream）に吸収していけると想定されている。だから、永続的なシステムにするわけにはいかないが、移民世代には出身の背景を重視した対応をしなくてはならないという構図になる。

日本にとっての意味

こうした点を強調するとオーストラリアの特徴ではあっても日本の高齢者ケアとは関係ないことのように思われるかもしれないので、私たちがとるべき視点を整理しておこう。大きく３つにまとめられよう。第一に、国際化が急速に進む現在、日本社会で生活する外国籍者も増加してきており、程度の差はあっても日本も将来的に同種の課題に直面する可能性が高いということである。また、日本に居住する高齢者がこれまでも民族的、文化的に同一であったわけでもない。第二に、個別的なケアのレベルでみると、多様性への配慮はケアの個別性の尊重に通じ、結果として利用者のニーズに的確に応えることになるということである。個人のレベルでの個別性が尊重されるためには、民族的、文化的特性のようにある程度共通した集団的個別性が制度的に配慮されなくてはならないからである。第三点目は制度的な視点である。福祉国家が目指すべき普遍性と民族文化的独自性とは制度上は微妙な関係になるという問題である。一般システムの中に異質な原理に基づくサブシステムが存在するという形であり、文化的多元主義が福祉国家の普遍主義と拮抗する。福祉国家に関する新たな理論的問題と言える。オーストラリアは移民国家であるために、移民の規模も大きいし、また先に指摘したように時間的な余裕があるのでこのバランスが政策的にもとりやすいという印象を筆者は持っている。同じ移民高齢者のケアの問題であっても、例えばスウェーデンの事情は異なる。スウェーデンでは現在、移民高齢者の問題が地方自治体を中心に顕在化している。すでに高水準の普遍主義的福祉国家の構築後に登場した問題となるから、現実対応だけでなく理念的あるいは原則的問題でもあり、国家の財政状況が厳しく福祉国家改革が不可避となるという時代背景も問題をさらに複雑なものにしている。いずれにせよ、オーストラリアの経験は日本がどのような福祉国家を志向するかという理念的問題を考える際に参考となる。

連邦政府の政策

非英語圏出身の高齢者への対応は、連邦政府によって進められている。これには3つの理由が考えられる。エスニックな特性への配慮は個別政策のレベルというよりも国政全体に関わる問題であること。第二に、こうした高齢者への対応は施設ケアにおいてていねいに行われる必要があるのだが、施設ケアは連邦政府の責任である。さらには、施設運営者だけでなく在宅サービスの事業者に対しても利用者の民族的、文化的背景を尊重するように啓蒙していく必要もあるからである。施設入所相当の高齢者のうち複合的ニーズの人を対象にした代替プログラムとしてのCACP（Community Aged Care Package：地域高齢者ケアパッケージ）の目的のひとつは、こうした高齢者である。市町村の行政境界を越えて広域エリアをカバーしているのが、エスニック集団ごとのCACPプログラムであったことを思い出してほしい。

一方、中心的な在宅制度であるHACC（Home and Community Care：地域在宅ケアプログラム）は州の責任ではあるが、その利用者の12％はエスニックな背景を持っている[3)]から、その事業者への周知も重要となる。

1994年に連邦政府が提示した「エスニック高齢者ケア戦略」により、施設数（旧方式でのナーシングホームとホステル）全体の22％にあたる施設において2000年までに、何らかの形でエスニック高齢者に対応できるよう準備すべきであるという方針が示され、対象エスニック集団としてイタリア系、ギリシャ系、オランダ系、ポーランド系、マルタ系、中国系が指定された。これらはそれぞれのエスニック・コミュニティにおいて委員会を設置し高齢者ケアに必要な施設数や CACP の人数枠を計画し連邦政府に提出することになった。

啓蒙活動に向けては 1997 年から 3 年契約で各州に一団体の拠点を指定した。このプログラムは「文化的に適切なケアのためのパートナーシップ（PICC: Partners in Culturally Appropriate Care）」と命名されている。団体の選定は入札方式によって実施され、ビクトリア州ではアングリカン（Anglican：英国国教会または聖公会）高齢者ホームという非営利団体が選ばれた。この団体は長い歴史を持ち、ケア施設から在宅サービスまで広範囲にわたるサービスを提供しており、事業規模でも有数の部類に入る。他の州ではエスニック団体が連合組織（peak organization と呼ばれる）を作り、そこが入札する形を取り実際に選定されたので、エスニック団体ではない一般のサービス事業者が選ばれたのはビクトリア州だけであった。当然、ビクトリア州のエスニック団体連合組織は強く抗議したという。

筆者はこのアングリカン高齢者ホームの PICC 担当者にインタビューしたのだが、エスニック団体でないため活動 2 年目にはいった 1998 年でも多くのエスニック団体はこのプログラムには好意的ではないという話であった。アングリカンのように一般的なサービス事業者は民族的、文化的特性を理解できている保証はないから、当該の団体に委ねるべきであるという主張である。この種の問題がある程度は政治的色彩を帯びるのはやむを得ないことのようである。ビクトリア州でも職員研修はエスニック団体連合組織が母体となっている多文化高齢者ケア研修所というところが受注し、12 週間の認定コースを提供している。

PICC は施設、在宅のサービス事業者や一般の人々を対象に啓発的プログラムを実施しているが、特定の事業者を推薦することはない。各事業者はエスニックな背景を持つ利用者への対応プログラムを準備するよう連邦政府から指示されているので、その作業を情報提供により支援している。1997年から実施されている改革ではナーシングホームも入居料を徴収し最長5年間はその一定額を施設改善に使用してよいことになった。ただ、そのためには連邦政府の認定を受けなくてはならない。そしてそのなかに、文化的に適切なケアを提供するための方策を講じているか否かという項目が含まれている。換言すると、連邦政府の補助を受けるためには認定をパスしなくてはならず、その中にPICC関連項目も含まれるので、施設側のこの点についての準備をするさいにも支援している。

施設ケアの5モデル

民族的、文化的背景をもつ高齢者への施設の対応には、連邦政府によって5つのモデルが提示されている。第一は、特定エスニック集団の高齢者だけを対象とするもの。メルボルン一帯では、介護サービスを提供する高ケア・レベル施設（旧ナーシングホーム）は次のようになっている。イタリア系3施設（計140床）、ギリシャ系4施設（120床）ユダヤ系2施設（282床）、他にオランダ系、ドイツ系、ロシア系が各1施設（各30、45、30床）である。

一方、低ケア・レベル施設では、イタリア系が4施設（計199人）を筆頭に、ギリシャ系3施設（122人…このうち1施設、32人は認知症高齢者用）、そして以下、ユダヤ系2施設（280人）、オランダ系2施設（71人）、ドイツ系2施設（70人）中国系2施設（42人）

が施設数で並び、さらに、ラトビア系 1 施設（53 人）、ロシア系 1 施設（43 人）、インドシナ中国系が 1 施設（32 人）、エジプト系 1 施設（30 人）、ハンガリー系 1 施設（30 人）、ポーランド系 1 施設（30 人）、レバノン系 1 施設（30 人）、スロベニア系 1 施設（30 人）、ウクライナ系 1 施設（30 人）、アングロ・インディアン系 1 施設（15 人）の合計で 1,107 人定員規模である。

これら両タイプの施設とも、その背景にはそれぞれのエスニック・コミュニティがあり、実質的に運営責任まで負っている場合が少なくない。エスニック・コミュニティの責任として認識されているし、それがまたエスニック・コミュニティの結束を強化するという相互関係にある。こうした傾向は規模の小さなエスニック・コミュニティに強く見られるようである。また、ユダヤ系はオーストラリアに限らず、世界どこでも自分たち独自のケア体制をとっているのは良く知られている。興味深いのは第一モデルであっても期限付きで最初から運営している施設の存在である。例えば、メルボルン郊外の San Carlo Vaccari というイタリア系ナーシングホームは入居者をイタリア移民とする条件をいずれ撤廃し、一般対応の施設に切り替える計画である。

食事や宗教や余暇プログラムなど生活習慣に配慮した生活環境やサービス提供、また職員に当該言語を話すバイリンガルな人を雇えるといった点から、高齢者の民族的、文化的ニーズに応えるにはこのモデルがもっとも望ましいとされている。反面、規模でも意識面でもかなりしっかりとしたエスニック・コミュニティが支援母体として存在しないと安定した運営がむずかしい。

第二のモデルは、クラスターと呼ばれる。これは一般の高齢者施設のなかにミニ規模の特定エスニック高齢者用のユニットを作る方式である。むろん単にグループでの集団生活という形の問題だけではなく、食事、余暇プログラムなどに関して適切なケアの基準が設定されており、職員への比較文化理解の研修もこのなかに含まれている。クラスター・モデルの導入は州によって違いが大きく、ニューサウスウェールズ州には多いがビクトリア州では非常に少なくナーシングホームでは1ヶ所60人規模のなかにポーランド系8人規模のところと、ホステルでは20人規模のイタリア系のところの2例のみである。

第三モデルと第四モデルは共に多文化対応モデルあるいはパートナーシップ・モデルと呼ばれるが、前者は運営主体がエスニック団体あるいはその連合組織である場合、そして、後者は運営が一般事業者である場合を指し、運営主体の性格によって区別されている。ここでいう多文化対応施設とは一般の高齢者施設であるが、利用者の文化的な背景を考慮したサービスが提供できる体制を準備している施設という意味である。ビクトリア州ではナーシングホームではアングリカン高齢者ホーム（Anglican Homes for the Elderly）が運営している St. George's という施設1ヶ所（30人分）だけであり、これは第四モデルにあたる。ホステルでもすべて第四モデルであるが3施設があり、St. George's に併設で30人分、他の2施設は合計で71人分の規模である。いずれのモデルであっても同一施設に複数のエスニック背景の高齢者が生活することになるから、アングリカン高齢者ホームのPICCの担当者によると、多文化対応には第三モデルよりも第四モデルの方が有効ではないかという判断であった。ただ、第三モデルの場合には複数の主要なエスニック・コミュニティの連合組織が運営母体か、そうでなければ関連支援母体となり、特定コミュニティだけでなく利用者

セントジョージ

の属するそれぞれのコミュニティとのつながりを継続的に維持することが重要となる。

アングリカン高齢者ホームの施設は文化的に適切なケアの提供を目的に新規に作られた例であるが、第四モデルの政策的意図は一般の高齢者ケア施設がさまざまなエスニック団体と協力して文化的に適切なケアを提供できるようにする点にある。実際には、当該組織間での取り決めによる小規模なものが想定されている。つまり、施設側とすれば常時一定数ベッドを特定のエスニック団体に確保してもらえるので運営上のメリットがあるし、必要な知識やアドバイスを提供してもらえるのでケア面でも協力が期待でき、他方、エスニック団体側にすれば自分たちの高齢者用に自前の施設をもったり、クラスター規模のものでも運営、維持は困難であるから、機動的に文化特性に配慮された施設内環境を確保できるので十分なメリットはあるのである。これがパートナーシップ・モデルと呼ばれる所以である。2000 年までに 22%の施設において文化的に適切なケアの提供体制を整えるという、先述のエスニック高齢者ケア戦略の達成はこのモデルの普及と密接な関係にある。

さて、第五モデルはモデルと呼ぶのは適切ではないかもしれないが、入居者のエスニック背景にとくに配慮したプログラムをもたない、その他の通常の施設（main stream）である。

第一、第二モデルは入居者には望ましい生活環境であっても、世代が進んでいったときエスニック・コミュニティが支援し続けられるかという問題も指摘されているし、当面のことにしても常時定員状態を維持できるかどうかという運営上の問題もある。だから、上述したように移民第一世代が世を去った後は施設を第五モデルにすることもすでに決めているところもある。ACAT によるアセスメントなど一般のサービス利用と同じプロセスを経ながら、受給バランスを維持していくことはそれほど簡単ではない。かといって、すべてを第五モデルに収斂させるわけにはいかないから、現実的には第三モデルか第四モデルが選択肢として期待されることになる。あるいは、第５章で述べたように、在宅で生活しながら包括的なサービスが利用できる、施設代替策としての CACP の有効性が際立ってくるのである。多くの場合、利用者は自分のエスニック・コミュニティとのかかわりで在宅生活しているから、生活環境の継続性が期待できる。とくに小さなエスニック集団ではこうした個別対応プログラムの方が現実的である。

施設ケアの多文化モデル

アングリカン高齢者ホームは第四モデルの施設を設置、運営している。5つの居住ユニット（個室とロビー、食堂、厨房などの共用部分からなる）から構成され、高ケア用には15人定員のユニットが2つ、低ケア用には10人定員のユニットが3つで、全体が通路でつながっている。なお、低ケアの定員のうち一名分はレスパイト用に常時確保されている。

1994年4月にオープンしたこの施設はセント・ジョージ、St. George's（Petrov,1997）と呼ばれ、多文化対応ケアモデル施設としてはビクトリア州で最初に設置されたものである。メルボルンの西地区に活動拠点のなかった同法人が関連エスニック団体と連携した綿密な地域ニーズの調査にもとづき非英語圏出身高齢者に対応できる施設をオープンしたのだが、開設後2年を経て利用者の約半数が非英語圏出身でその背景はクロアチア、マルタ、イタリア、ポーランドを中心に東ヨーロッパや南ヨーロッパなどの計19ヶ国にも及んでいる。パンフレットも20の言語で作成してお

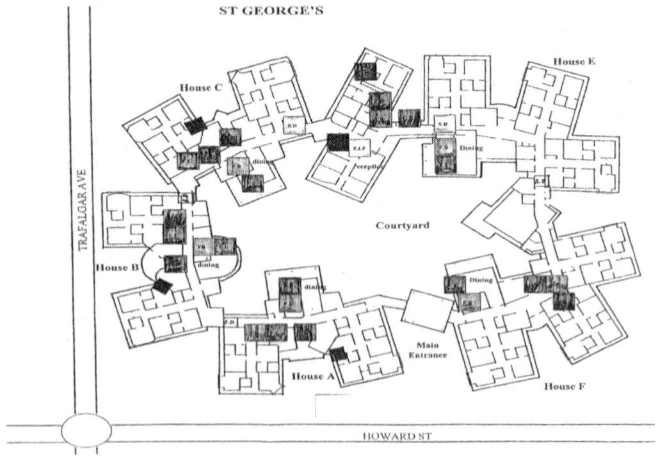

セントジョージ図面

り、職員全体としては23言語に対応できる。この施設は多文化対応型施設として広く注目されてきており、連邦政府や施設水準認定局などにより表彰されて、とくに2003年にはビクトリア州全体で表彰された9施設の中に、高ケア部門と低ケア部門がそれぞれ入賞している。

興味深いのはエスニックのレベルに焦点をおいたシステムではなく、個別対応を徹底することで多様なエスニック背景の利用者のニーズにも応えようとしていることである。つまり、エスニックな背景や特定言語が個人のアイデンティティにとって不可欠の要素であることを前提にしつつ、その一方でジェンダー、社会経済的背景、教育歴、身体的・精神的健康度、オーストラリアでの生活年数などの多様性も重視し、民族、文化的特性だけに特化した形でのケアシステムよりも、それをこうした多様なニーズの一つとして位置づけ利用者ごとの個別ケアに組み込むという考え方である。したがって、使用しているアセスメントのフォーマット自体の構成は一般のものであり、すべての利用者に共通のものである。非英語圏出身者用に特別なフォーマットをつくっているわけではない。日常生活面で具体的に個別に希望や好みを詳しく聞くことで、課題である「文化的に適切なケア」を保証している。エスニックの背景をもつ高齢者を特別視して別扱いするよりもこの方式の方が効率的であり、利用者へも質の高いサービスが提供できるという考え方である。肝心なことはスタッフが利用者から的確に希望を聞くことで、例えば新入居者に食習慣について質問すらしていない施設も少なくないが、St. George's では実際に何を食べているかを聞いている。先入観やあいまいな聞き方では本当に必要な情報が得られないからである。一般のサービス事業者であるアングリカン高齢者ホームが提供するケアの多文化モデルの特徴がよく実現されている。

そして、St. George'sには調理用のキッチンが5つもある。つまり、5つの居住ユニットそれぞれにキッチンがあり、入居者の文化的背景に配慮した食事が用意されている。加えて、精神的・宗教的ニーズも尊重されている。運営主体のアングリカン高齢者ホームはキリスト教団体であるが、施設運営においては入居者の宗派や宗教に対応している。

提供するサービスも施設入居者だけでなく、現在では在宅での介護者休息用のレスパイト、そしてCACPも行なっている。今後は高ケア・レベルの高齢者を対象とした包括的在宅ケアプログラムであるEACHの提供も視野に入れている。一方、施設でのサービスの拡充計画も検討されており、具体的には認知症高齢者の受け入れと緩和ケア（palliative care：終末期ケア）のサービス提供で、そのための施設が隣地にまもなく増築される。改めて考えるまでもなく、認知症高齢者の場合、その人の文化的背景の理解と尊重が重要となるし、人生の最後の迎え方になるとその重要性はさらに強調されるべきである。文化的に適切なケアとはこの水準までを守備範囲とするのであり、過去10年近くに及ぶ実績をもとにSt. George'sはそれらを現実的課題としている。そして、施設部分だけでなくさまざまな在宅ケアプログラムをも提供することで、地域社会における多文化対応サービスのネットワーク・システムを広げつつある。

一方、モデルによって特色はあるが、文化的に適切なケアを施設環境において提供する際に共通して重要となるのは言うまでもなく職員の質である。連邦政府は職員研修のためのマニュアルなどさまざまな努力をしているが、第四モデルを採用している St. George's ではこの点をとくに重視している。19カ国の非英語圏出身背景をもつ入居者に対応するため、職員の60％は英語以外の入居者言語を使える。大部分の入居者が施設のある地域（メルボルン西地区）からであるため、職員採用に当たってもまず同じ地域に募集をかける。そうすることで入居者と同じエスニック背景や言語の職員を確保するようにしている。

職員採用も地域（エスニック）社会とのつながりのひとつとなるが、このモデルではどこまで地域とのつながりを形成できるかによって成否が分かれるといっても過言ではない。同じ背景の地域住民のボランティア、エスニック・メディアなど多様な形でのつながりがもたれている。

また、独自に実施しているものを含め、内外の多文化理解のための研修に参加させている。その上で、通訳が必要な場合には職員は電話通訳システムが利用できる態勢を用意している。

施設の組織体制にも工夫が求められる。利用者のニーズについての理解には職員間でもバラツキがでるのでケア・コーディネーターを決め主たる担当者とし、その判断が生かせるようヒエラルキー型ではなく分担並列的な組織にしている。

エスニック集団の規模やコミュニティの特性、そしてエスニック集団の数など多様な要因を考慮しなくてはならないが、この課題に対してオーストラリアはきわめて柔軟な対応をしており、そのなかで民族的、文化的特性を利用者個人のレベルにニーズとして読み込んでいる。換言すると、複数の施設ケアモデルの提供やCACPなどの包括的在宅ケアプログラムの展開により福祉国家の要請する普遍主義と固有的価値の尊重を求める文化的多元主義を現実的に接合しようとしている点は注目に値する。

参考文献

Petrov,L. Mainstream Service Providers can Deliver Culturally Appropriate Residential Care for Ethnic Diversity,Australian Journal on Ageing,vol.16,no.4,pp. 218-219,1997

注

第1章

1) 1997年の高齢者ケア構造改革以降、公式な施設名はホステルが低ケア・レベル、介護施設であるナーシングホームが高ケア・レベルと変わったが、一般の人々には従来の呼称が親しまれているので、本章ではそちらを採用する。

2) 同じ立場からスウェーデンについて報告しているので、参照していただきたい（木下康仁著、『福祉社会スウェーデンと老人ケア』勁草書房、1992年：同OD版、2003年)。

3) リヤカー式の荷物運搬車で、乗用車の後ろに付けて引っ張る。たいていの家にあり、ちょっとした大き目の荷物を運ぶときに頻繁に利用されている。

4) Aged Care Assessment Teamの略で「エイ・キャット」と呼ばれる。アセスメントのみを行うチームで医療職を中心に構成されている。施設に入居する可能性のある高齢者は必ずこのアセスメントを受けて入所相当の判定を受けなくてはならない。詳細は次章以降で論ずる。

5) 毎年11月の第一火曜日にメルボルン市内のフレミントン競馬場で開催される競馬で、さまざまに着飾った観客であふれる。100年以上の歴史があるといわれる。メルボルンはこの日は祝日となる。

第2章

1) AIHW2003の第7章Aged Careから。ここでは概要のみ。他の特性はそれぞれの関連箇所で取り上げる。

2) オーストラリアでは退役軍人、およびその配偶者（戦死による未亡人、退役軍人の未亡人）を対象とするサービス制度があるが、日本との関連性が低いので本書では説明を省略する。

3) 単身者は2週間で$429.40（男性の週平均所得の25%)、夫婦では同、

$716.80。

4) クイーンスランド州の北端部ヨーク半島とパプアニューギニアの間がトレス海峡でこの間の諸島の住民はオーストラリア先住民とされている。

第3章

1) COPはHACCの枠内だが、包括的在宅サービスプログラムとして統計上はCACPと一緒に扱われている。

第4章

1) 訪問看護の実際については、染谷のフィールドレポートが詳しい（染谷、1999)。

2) Australia's Welfare 1999; Services & Assistance,Australian Institute of Health and Welfare, p.196,1999

3) HACC Status Report for Victorian Local Government (Full Report). Anna Howe,Municipal Association of Victoria,June 2000

4) Developing quality measures for Home and Community Care: prepared for the HACC Officials Standards Working Group. A. Jenkins,E. Butkus and D. Gibson,Aged Care Series # 4,Australian Institute of Health and Welfare,1998.
引用も同書より。

第5章

1) Community Aged Care Packages Program Guidelines,Commonwealth Department of Health and Family Services,1997

2) Community Aged Care Packages in Australia,2000-2001,AIHW,2002に基づく。

3) Occupational safetyといって、働く側の安全確保も重視されている。この観点は高齢者ケアに限定されるのではなくオーストラリアでは一般的なことである。

4) Victorian HACC Program Manual,1998,p. 119

5) オーストラリアのキリスト教は三大勢力に分類され、イギリス国教会、カトリック、そしてプロテスタント系が集合して構成しているユナイティング・チャーチ (Uniting Church) である。歴史的にみても社会福祉活動ではそれぞれが大きな役割を果たしてきており、とくにビクトリア州においては顕著である。現在でもその役割は変わっていない。

第6章

1) AIHW,2001 の 6. Aged Care,p.205
2) オーストラリアの一般的な支給期間の単位で、給与、年金、家賃などに適用されている。

第7章

1) この時期は知事任命の市長であったが、オーストラリアでは日本のように市長が直接選挙で選ばれるのではなく、市議会議員の代表、つまり市議会議長に当たる地位が対外的には市長となる。アメリカやスウェーデンなどと同様で、当然、市議会議員の責任と役割が日本と異なるので注意が必要である。

第8章

1)『2000 Year Book Australia』、竹田いさみ著『物語　オーストラリアの歴史』(中公新書、2000) 221 頁に引用の表による。この本は良書である。なお、海外出生者にはオーストラリア国籍保有者も含まれるし、ニュージーランド出生者には先住民マオリ族の人も含まれるので、この数字は全体の特性を示すものである。
2) 準州である Northern Territory は含むが、首都キャンベラのある Australian Capital Territory は除く。後者は比率ではビクトリア州より高く 13.8%だが、当該人数はわずか 2,300 人と少ないため。
3) Towards meeting the diversity of needs of frail older Australians. Commonwealth Department of Health and Family Services,1997

あとがき

インターネットによる情報収集が日常化し多少英語が分かれば世界中から必要な情報を効率よく入手できるようになった現在、オーストラリアの高齢者ケアについても調べようと思えば簡単に調べることができる。検索で絞り込めばかなり専門的な情報も得られる。大学生にとって、レポートを書く材料には事欠かない時代である。

しかし、情報として入手できることと、それが「理解」できることとは決してイコールではないだろう。このことは、同じ例を引けば、学生のレポートを読んですぐわかる。簡単に引用できても十分消化されていないと、かえっておざなりの内容になりやすいものである。とくに外国について取り上げる場合には全体を理解できる一定の枠組みがないと、個別的情報の意味が自分で納得いくところまでわからない。この背景には、インターネットでの情報は発信者側の枠組みによって、また、そこで想定されている受信者像に向けて選択判断されていることも関係している。発信者側の枠組みは見えにくいから、それと気づきにくい。しかし、全面的に受け入れるのであれば話は別だが、批判的に検討しようとすると途端に自分が大変な作業をしなくてはならないことに気づき、たじろいでしまう。

こうしたことはなにもインターネットでの情報収集だけの話ではなく、種々の研修や視察の報告書をみても、感ずることである。最新情報であるかどうか、体験情報であるかどうかが無条件に価値をもつのではなく、一定の立場からのまとまった知識の提供があれば、それを参考にして自分の見方をもったり、批判的な理解が深まるであろう。私たちは情報発信者のスポークスマン / ウーマンになる必要などないのであって、自身が独自の発信者になるべきである。

これが、当初の予定より 2 年以上も遅れ、断念しかけたところから刊行までこぎつけることができた本書のささやかなチャレンジである。この本を参考にすることで、自分が入手するオーストラリアの高齢者ケアについての情報が良くわかるようになり、あるいは、調べたい事柄や、情報と情報を関連させて理解でき、本書の内容も含めて論評できるようになれば、目的は達成されたことになる。ただ、果たしてどこまで成功しているかは甚だ心もとない限りである。取り上げるべき内容の選択の問題、また、詳しすぎず、簡潔すぎずの記述のバランスなど、作業を終えてみてそのむずかしさを改めて痛感している。関心を反映して章によっては、もっと詳しい説明があればと感じられた読者もいるかもしれないが、できるだけコンパクトにまとめようとした結果、詳細なところまで取り上げることができなかった。なお、筆者の理解が不十分であったり、あるいは間違っているところもあるのではないかと思う。そうした点については厳しい指摘をお願いしたい。

ところで、本書のもとになった最初のフィールド調査は 1998 年度立教大学海外研究休暇でメルボルンのラトローブ大学リンカーン老年学研究所に客員研究員として一年間滞在したときに実施した。1997 年改革の影響が明らかになりつつある、躍動的な時期であった。その後、2001 年 8 月と 2003 年 12 月に追加調査を行い、さらにオーストラリアの友人たちとのやりとりで変化の様子をフォローしてきた。また、本書は、月刊総合ケア（医歯薬出版）に2001年 4 月号から一年間にわたって連載したものを下敷きにし、大幅な加筆、組みなおしをている。

本書の刊行に際して多くの方々に協力いただいたが、とくに武川正吾氏（東京大学）、藤村正之氏（上智大学）、そして、落合明美氏（高齢者住宅財団）には大変お世話になった。また、最後の校正段階で佐川佳南枝さん（立教大学大学院社会学研究科後期課程）に手伝っていただいた。記して感謝申し上げる。

2006年7月31日

木下　康仁

索　引

【ア行】

【カ行】

コスト管理　94
コミュニティ・オプションズ（Community Options）　41,68,128
コミュニティケア（Community Care：地域ケア）　31,63,127,177,178

【サ行】

在宅レスパイト（in-home respite）　87,146,148,150,157
裁量　94,103,122,123
CACP（Community Aged Care Packages：地域高齢者ケアパッケージ）　31,41,49,53,103
事業者－購入者分離方式（provider-purchaser split）　166
事業者評価　81,94
施設一元化　32
施設ケア　31,36,37,42,193,197
施設入居代替策　42,49,54,67,107
施設利用レスパイト　146,148
若年障害者　81
主介護者（primary carer）　141,157
主流サービス（mainstream service）　113,149
スピーカーズ・バンク（speakers bank：講演者バンク）　153
先住民　54,68,101,108,112

【タ行】

多文化対応モデル　195
多目的柔軟サービス　54
中心的介護者（principal carer）　141
ディセンター・レスパイト　146,157
トレス諸島民　54,65,99,108,112

【ナ行】

ナーシングホームの産業化　35
入居債権（Accommodation Bond）　34
入居者分類基準（RCI：Resident Classification Instrument）　38
入居者分類尺度（RCS: Resident Classification Scale）　43,52,67,150
入居料　46,150,193
認知症　63,99,117,126,149

【ハ行】

パートナーシップ・モデル　195,196
HACC（Home and Community Care：地域在宅ケアプログラム）　31,39,58,81,104
HACC － MDS（Minimum Date Set）　94,95,100

【マ行】

【ラ行】

著者紹介

木下　康仁（きのした　やすひと）

1953年　山梨県小菅村生まれ

1976年　立教大学社会学部卒業

1979年　カリフォルニア大学（ロサンゼルス校）、アジア系アメリカ人研究科、修士課程修了

1984年　カリフォルニア大学（サンフランシスコ校）、人間発達・エイジング研究科、博士課程修了（Ph. D.）

現　在　立教大学社会学部教授・同学部長（エイジングとケアの社会学、社会老年学、福祉社会論）

主　著

『老人ケアの社会学』（単著）医学書院　1989

『福祉社会スウェーデンと老人ケア』（単著）勁草書房1992；OD版　2003

『老人ケアの人間学』（単著）医学書院　1993

『ケアと老いの祝福』（単著）勁草書房　1997

『グラウンデッド・セオリー・アプローチ：質的実証研究の再生』（単著）弘文堂、1999

『グラウンデッド・セオリー・アプローチの実践：質的研究への誘い』（単著）弘文堂、2003

『分野別実践編　グラウンデッド・セオリー・アプローチ』（編著）弘文堂、2005

『ライブ講義　M-GTA：実践的質的研究法　修正版グラウンデッド・セオリー・アプローチのすべて』（単著）弘文堂、2007

他

改革進むオーストラリアの高齢者ケア

2007年7月10日　　初　版第1刷発行　　〔検印省略〕

定価はカバーに表示してあります。

著者©木下康仁／発行者 下田勝司　　印刷・製本／中央精版印刷

東京都文京区向丘1-20-6　郵便振替00110-6-37828

〒113-0023　TEL（03）3818-5521　FAX（03）3818-5514

発行所　株式会社 東信堂

Published by TOSHINDO PUBLISHING CO., LTD.

1-20-6, Mukougaoka, Bunkyo-ku, Tokyo, 113-0023, Japan

E-mail : tk203444@fsinet.or.jp http://www.toshindo-pub.com

ISBN978-4-88713-770-7　C3036

東信堂

書名	著者	定価
開発と地域変動—開発と内発的発展の相克	北島　滋	三二〇〇円
在日華僑のアイデンティティの変容—華僑の多元的共生	過　放	四四〇〇円
健康保険と医師会—社会保険創始期における医師と医療	北原龍二	三八〇〇円
事例分析への挑戦—個人現象への事例媒介的アプローチの試み	水野節夫	四六〇〇円
海外帰国子女のアイデンティティ—生活経験と通文化的人間形成	南　保輔	三八〇〇円
有賀喜左衞門研究—社会学の思想・理論・方法	北川隆吉編	三六〇〇円
現代大都市社会論—分極化する都市？	園部雅久	三八〇〇円
インナーシティのコミュニティ形成—神戸市真野住民のまちづくり	今野裕昭	五四〇〇円
ブラジル日系新宗教の展開—異文化布教の課題と実践	渡辺雅子	七八〇〇円
イスラエルの政治文化とシチズンシップ	奥山眞知	三八〇〇円
正統性の喪失—アメリカの街頭犯罪と社会制度の衰退	G・ラフリー　室月誠監訳	三六〇〇円
東アジアの家族・地域・エスニシティ—基層と動態	北原淳編	四八〇〇円
（シリーズ社会政策研究）		
福祉国家の社会学—21世紀における可能性を探る	三重野卓編	二〇〇〇円
福祉国家の変貌—グローバル化と分権化のなかで	小笠原浩一　武川正吾編	二〇〇〇円
福祉国家の医療改革—政策評価にもとづく選択	三重野卓　近藤克則編	二〇〇〇円
福祉政策の理論と実際（改訂版）福祉社会学研究入門	三重野卓　平岡公一編	二五〇〇円
韓国の福祉国家・日本の福祉国家	武川正吾　キム・ヨンミョン編	三二〇〇円
福祉国家とジェンダー・ポリティックス	深澤和子	二八〇〇円
認知症家族介護を生きる—新しい認知症ケア時代の臨床社会学	井口高志	四二〇〇円
新版　新潟水俣病問題—加害と被害の社会学	飯島伸子　舩橋晴俊編	三八〇〇円
新潟水俣病をめぐる制度・表象・地域	関　礼子	五六〇〇円
新潟水俣病問題の受容と克服	堀田恭子	四八〇〇円

〒113-0023　東京都文京区向丘 1-20-6　TEL 03-3818-5521　FAX03-3818-5514　振替 00110-6-37828
Email tk203444@fsinet.or.jp　URL:http://www.toshindo-pub.com/

※定価：表示価格（本体）＋税

東信堂

比較教育学―越境のレッスン　馬越 徹　三六〇〇円
比較・国際教育学（補正版）　石附 実 編　三五〇〇円
教育における比較と旅　石附 実　二〇〇〇円
比較教育学の理論と方法　J・シュリーバー編著　馬越徹・今井重孝監訳　二八〇〇円
比較教育学―伝統・挑戦・新しいパラダイムを求めて　M・ブレイ編著　馬越徹・大塚豊監訳　三八〇〇円
世界の外国人学校　福田誠治　末藤美津子 編著　三八〇〇円
世界の外国語教育政策：日本の外国語教育の再構築にむけて　大谷泰照　林 桂子　他編著　六五七一円
近代日本の英語科教育史―職業諸学校による英語教育の大衆化過程　江利川春雄　三八〇〇円
日本の教育経験―途上国の教育開発を考える　国際協力機構編著　二八〇〇円

アメリカの才能教育―多様なニーズに応える特別支援　松村暢隆　二五〇〇円
アメリカのバイリンガル教育―新しい社会の構築をめざして　末藤美津子　三二〇〇円

多様社会カナダの「国語」教育（カナダの教育3）　関口礼子　浪田克之介 編著　三八〇〇円
ドイツの教育のすべて　マックス・プランク教育研究所研究者グループ編　天野・木戸・長島監訳　一〇〇〇〇円

市民性教育の研究―日本とタイの比較　平田利文編著　四二〇〇円
マレーシアにおける国際教育関係―教育へのグローバル・インパクト　杉本 均　五七〇〇円
中国大学入試研究―変貌する国家の人材選抜　大塚 豊　三六〇〇円
大学財政―世界の経験と中国の選択　呂 煒著　成瀬龍夫監訳　三四〇〇円
中国の民営高等教育機関―社会ニーズとの対応　鮑 威　四六〇〇円
「改革・開放」下中国教育の動態―江蘇省の場合を中心に　阿部洋編著　五四〇〇円
中国の職業教育拡大政策―背景・実現過程・帰結　劉 文君　五〇四八円
中国の後期中等教育の拡大と経済発展パターン―江蘇省と広東省の比較　呉 琦来　三八二七円
陶行知の芸術教育論―生活教育と芸術との結合　李 燕　三六〇〇円
東南アジア諸国の国民統合と教育―多民族社会における葛藤　村田翼夫編著　四四〇〇円
オーストラリア・ニュージーランドの教育　石附実　笹森健 編著　二八〇〇円

〒113-0023　東京都文京区向丘 1-20-6　TEL 03-3818-5521　FAX03-3818-5514　振替 00110-6-37828
Email tk203444@fsinet.or.jp　URL:http://www.toshindo-pub.com/

※定価：表示価格（本体）＋税